恋愛・お金・成功…願いが叶う★
魔法のごはん

ほとんど毎日運がよくなる!勝負メシ

佳川奈未 Nami Yoshikawa

青春出版社

ここにある「勝負メシ」は、
朝・昼・夜、デザートタイムにと、
お好きなときに、ご自由におとりください♪

なにかとためになる「まえがき」

毎日、口にしている食べ物が、あなたの運をつくっていた！

――365日☆いつもハッピーでいるための「楽しい開運法☆」！

これは、〝食べるだけで強運になる！〟そんな、うれしい365日☆毎日の幸運を叶える「勝負メシ」をあなたにお届けする本です。

食べるだけで、運がよくなり、願いが叶い、望む人生を叶えられるとしたら、なんとも楽しく、うれしいことだと思いませんか？

人間、365日、毎日3回（2回の人もいるかもしれませんが）、とにかく、死ぬまで一生、何かを食べ続けることになるわけです。

朝・昼・夜のメインとする食事以外に、おやつなどの間食も入れたら、そりゃもう相当なものを、口にし、体に流し込んでいるでしょう。

そうやって体の中に入れた食べ物が、いったいどんなふうに、自分の心身や気分や言動や運気に、影響しているか、ご存じでしょうか？

「宇宙生命気学」（易から生まれた開運気学）では、食べ物にも宇宙のエネルギー的要素が満載であることを伝えています。

そもそも、私たちの細胞は、毎日食べているものによって養われています。何をどう食べるのかによって、その人の体質や精神のあり方や運気までもが変わるのです！

たとえば、天然の作物の持つ〝天然色〟は、その色のエネルギー作用を人の内部（内臓）において発揮し、天然の作物の〝味覚〟は感性を養います！

〝体〟は食べた栄養素でつくられ、〝心〟は食べ物から摂ったエネルギーの影響を受け、〝魂〟は摂り込まれた物を物語るような波動を放ち、それにみあう運気をつくるというわけです！

意味ある食べ物を知り、ここぞ！　というときにその「勝負メシ」をうまく摂ることによって、日々、ほしい運気をＧｅｔでき、幸運体質になれ、望む人生を叶えていけるのです！　心と体と魂が宇宙と同調し、サポートしあうおかげで♪

本書では、〝願いごと別〟に、その「勝負メシ」をご紹介しつつ、なぜ、それを摂ると良いのかや、願いを叶えるための大切な〝開運ポイント〟についても、あわせてお伝えしています。

ちなみに、料理の詳しい作り方などは載せてはいません。料理本ではないからです。それに、料理が自分で作れないという人は、自ら作らずとも、お店で食べても同じ作用を摂り込めるからです♪　外食しながら幸運になるのも、ありなのです！

とはいうものの、家庭での料理がどれほど素晴らしい効果を発揮してくれるかについては、とても大切なことなので、『〝壊れかけの家庭〟を甦《よみがえ》らせるには、食事療法』の項をどうぞ。

この際、本書をきっかけに、「どれどれ、そんなに効果的なら、一度、我流で作ってみるか♪」と、自分で料理する楽しさも覚えてもらえるとうれしいです。

さて、運のいい人は、知ってか知らずか、運がよくなるものを上手に食べ、自然に良質の気を育み、良い波動を放ち、望む現実の中にいるものです！

何を隠そう！　私自身、食べ物の力をも借りて、いまここにいるわけです。編集者との企画会議や打ち合わせで食事をするときや、取引先の接待では、〝意味ある食べ物〟や〝幸運のレストラン〟をわくわく活用しています！　おかげで、どの企画もほとんど一発で通り、叶えたい仕事がすんなり現実に♪

とにかく！　今日から、自分が口にするものを、いろんな意味で、もっと良いものにしていくことが大切です！　それはなにも、贅沢なものを食べろということではありません。体と心と魂をより良く養うものを、よろこんで選んで食べる人になるということです！

人間は、ただ、生き延びるためだけに食べているのではなく、もっと幸せに、健康的に、美しく、豊かになるために、食べてもいいのです♪

あなたが叶えたい現実にみあったものを楽しく食べ、そのエネルギーをうまく自分の中に摂り込むことができたとき、この現実は、おもしろいほど好転し、いつのまにか憧れの人生の中にいることでしょう！

2017年10月　ミラクルハッピー　佳川　奈未

※佳川奈未の『宇宙生命気学』は、「商標登録」されています。

※食べ物とエネルギーの関係性については、『宇宙生命気学』(「易」から誕生した、九星・風水・気学がもとになった開運法）の「九気性」（一般的には九星と示されるもの）という、地上に存在する9つのエネルギーの性質により、述べています。

食べ物は、「九気性」の象意（特徴のようなもの）に基づいて、お話ししていますが、食べ物によっては複数の象意を持つような食べ物もあります。この旨、補足として。

※本書でご紹介している各「勝負メシ」のなみちゃん流オススメ献立は、あくまでも例として、掲載しています。ご自身のアイデアでアレンジしてみてください。

また、アレルギーや何らかの食品に関する反応についてや、カロリーや栄養素や作り方については言及しておりません。あくまでも「開運方法」のひとつとして、お伝えするものです。

ほとんど毎日、運がよくなる！
勝負メシ

もくじ

Chapter 1

恋愛・結婚によく効く☆魔法のごはん

いやでも愛されてしまう♪　いつも幸せな女になる！

目次

Chapter 2

金運・財運によく効く☆黄金のごはん

体の中からリッチになる♪　知らないうちに金運体質!!

Chapter 3

お仕事&成功によく効く☆出世ごはん

好きなことして、日の目をみる！　キャリアUPする！　さらに活躍する！

Chapter 4

才能開花・願望実現によく効く☆センスフルごはん

キラキラ輝きながら、クリエイティブにすべてを叶える！

Chapter 5

どん底から復活&運気好転によく効く☆浄化ごはん

心と体と魂を浄化し、癒し、甦る！　そして、再び、幸運の波に乗る！

帯イラスト制作　碧井　リノチ
本文デザイン　浦郷和美
本文ＤＴＰ　森の印刷屋

Chapter

1

恋愛・結婚によく効く☆
魔法のごはん

いやでも愛されてしまう♪
いつも幸せな女になる！

この章の
ポイント
♪

恋愛成就のために
摂っておきたいエネルギーとは!?

この章で、まず摂っておきたいのは、「風の聖人」（四緑木気性）のエネルギーです。そこには、人とのご縁、男女の出逢い、心の結びつき、恋愛成就を叶える大きなエネルギーがあります！

また、出逢った相手や、すでにいるパートナーとより親密な関係になり、絆を強めるには、「水の聖人」（一白水気性）のエネルギーを！　そこから、二人のゴール・インを叶え、結婚し、家庭を育みたいとするときには、「地の聖人」（二黒土気性）のエネルギーを！

これらのエネルギーを摂るために、いったい何を食べればいいのか？　そんな気になる〝恋愛・結婚・家庭運アップ〟のための「勝負メシ」について、ここではお伝えいたしましょう！

〝運命の人〟と出逢う☆みそめられる女になる

恋する香りを放ち、魅力をただよわせ、相手の興味を誘い込む

もし、あなたが、「もう、ひとりはイヤ！　いい人を紹介してほしい」「〝運命の人〟と出逢いたい！」「素敵な恋人がほしい♪」というのなら、まずは、〝風に乗って香るもの〟を食べましょう！

それこそが、「風の聖人」（四緑木気性）の象意である〝良縁を運ぶ〟とか〝恋人ができる♪〟というエネルギーに満ちたものだからです！

上品な香りあふれるハーブや香草を使った料理、ほんのり香ばしいさくらのチップで燻した食べ物（肉の燻製、魚の燻製）や、食欲をそそる風味満点のマツタケ、うなぎの蒲焼きなどを、どうぞ♪

また、ニンニク、玉ねぎ、しょうが、みょうが、ねぎ、シソ、パセリなどの香味野菜を使った料理もいいでしょう。
とにかく、良い香りのする食べ物なら、なんでもOK！（ただし、ニンニクなど、きつい匂いを放つものは、デート前には控えたい♪）。

食べ物から摂ったエネルギーが、「私は、ここにいますよ～」と、あなたの存在感を感じよく漂わせてくれ、まわりの異性にあなたの魅力を知らしめてくれます。
恋愛においては、女性としての自分の魅力が、風のようにまわりに自然に流れ広まることがとても重要なのです！

そもそも、恋愛したいというのなら、異性と出逢う必要があるわけです。が、出逢うだけではダメで、その出逢った相手に自分の魅力を感じとってもらい、恋愛対象にしてもらわなくてはなりません。

恋愛対象になるには、異性や意中の人に、こちらのことを「いいなぁ」と想っても

らい、恋心を抱いてもらう必要があるわけです。

たとえば、あなたという女性が、心優しく、親切であったり、どこか可愛いところやキュートな魅力があったり、お料理がうまいなどの特技や何か人より優れている点があるとしたら、そういうことは、あなた本人が何も言わずとも、自然にまわりの人の口から語られ、じわじわと〝いい評判〟が流れ広まります。

特に、あなたの持つ〝人柄の良さ〟は、人から「信頼」を得るところとなります。その〝いい評判〟と〝信頼性〟が人伝えで広く、遠くまで及ぶようになると、「そういう素敵な人がいるなら、一度、顔を見てみたい！」「会ってみたい♪」と、なにかと多くの人に気にかけられ、注目されるようになるのです。

そのとき、こちらから必死で誰かを追い求めなくても、どこからでも、誰からでも、人があなたのところにやってきます。また、人があなたを誰かに紹介したり、あなたも誰かを紹介されたりして、「縁談」話が勝手に舞い込んで来るようになります。

あなたのことを、何かと意識し、良い形で注目し、「いいなぁ♪　こういう素敵な人とつきあえたらなぁ～」と、あなたに恋する異性が現われ、言い寄って来る人が多くなるほど、あなたは〝愛されるチャンス〟が多くなり、「恋愛運」も高まるわけです！

あなたという人を求める男性が増えるほど、あなたの女性としての価値も勝手にぐんと上がります！

そのとき、男性たちは、他の男性に負けまい、あなたをとられまいと、あなたにふりむいてもらうために、より大きな努力と愛情を運んで来るしかなくなります。より確かな本物の愛情を持つ男性から愛され求められるほど、あなたの「幸福度」もＵＰするということです！

これら一連の〝恋の流れ〟を自然に生み出し、あなたを恋愛体質にし、幸せな結婚にいざなってくれるのが、「風の聖人」（四緑木気性）のエネルギーの働きなのです！

でも、「どうやったら、そういう魅力的な女性になれるの？」などと、心配しなくても、大丈夫！
ここでお伝えする「風の聖人」（四緑木気性）の象意を持つものを食べることで、そのエネルギーを摂り込め、勝手にあなたは恋愛体質になれます♪

出逢い運を高める「勝負メシ」は、これ！

恋によく効く☆なみちゃん流オススメ献立

＊鶏もも肉のハーブ焼き、なすとズッキーニのトマトスープ、レタスとベビーリーフのサラダ
＊豚肉のしょうが焼き、キャベツとシソのサラダ、みょうがの味噌汁
＊鶏ささ身のシソ巻き焼き、数種のきのこの野菜炒め、コンソメスープ
＊厚切りベーコン（又はハム）のステーキ、じゃがいものスープ、フリルレタスとモッツァレラのサラダ
＊牛肉の燻製、きんぴらごぼう、にゅうめん
＊焼き魚を大根おろしとポン酢で♪　里芋の煮物

✳うなぎの蒲焼き、三つ葉ときのこのお吸い物（または、肝吸い）、高菜の漬け物
✳フキと山菜の煮物、醤油がほのかに香る炊き込みごはん、赤だし
✳カレーうどん、野菜炒め
✳赤ワイン、スモークチーズ、スモークハムなど

※料理できる人は、自分で作ってみて。作れない人は、お店で食べてもＯＫ！　また、メイン料理を香るものにしたら、サブの料理はセレクト自由♪　お好きな組み合わせでどうぞ♪

※これ以外にも、あなたなりの発想で香る料理を作ってみてね♪

心を結ぶ・つなぐ☆長〜く愛しあう♪

〝つながる〟とき、始まる☆「恋愛成就」を叶える食べ物って⁉

素敵な異性と出逢い、恋してしまったら、意中の彼とつきあい始めたとしたら、「ひとつに結ばれたい♪」「ずっと一緒にいたい！」と想うのは、恋する乙女の自然な感情でしょう♪

そんなときは、**〝麺料理〟や〝長いもの〟、〝繊維質〟の食べ物がGOOD！**

ごぼう、アスパラガス、フキなどの〝繊維質の多いもの〟や、うどん、そば、ラーメン、そうめん、米麺、春雨、パスタのような〝麺類〟はもちろんのこと、うなぎ、アナゴ、太刀魚などの魚を食べましょう♪

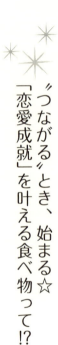

そこには、「風の聖人」（四緑木気性）の象意である〝しっかり結ぶ〟〝交際が長く続く〟〝すべてが整う〟という、恋愛にとってのうれしい作用とエネルギーがあります！

しかも、運気UP以外にも、注目すべき点が大！

たとえば、繊細で可憐な乙女のような〝繊維質〟は、体内の脂肪吸収を抑えてくれる働きがあり、そのうえ脂質を包み込み体外に排出してくれ、スッキリお通じをサポート！　うれしいことに、ダイエットにも一役かってくれます！

また、胃腸のコンディションをも整えてくれるので、お肌の調子も絶好調で、メイク乗りもバッチリ!!

いや〜、これだけでも、繊維質の食べ物は、恋する女性の美貌の強〜いみかたになるではありませんか♪

また、**〝長いもの〟**には、**彼とあなたの心をしっかり結ぶ「赤い糸」の役割と、二人のつきあいが順調に「末永く続く」のをサポートする働きがあります！**

この、〝長いもの〟がくれるエネルギーは、「愛情運」を育むうえでとても重要！

なにせ、せっかくつきあったとしても、交際が短く終わってしまえば、ゴール・インにもならないわけですからねぇ〜。

二人が末永く一緒にいられる幸せを上手に育めてこそ、愛情と交際が確かなものになり、目指す「結婚運」へと運んでいけるのですから。

というわけで、次の食べ物で心身ともにベストコンディションを生み出し、しっかりゴール・インに向かいましょう♪


恋愛成就運をUPする「勝負メシ」は、これ！

交際＆愛によく効く☆なみちゃん流オススメ献立

✳アナゴ、シソ、長いもの天ぷら、アスパラガスのごま和え、わかめの味噌汁
✳太刀魚の塩焼き、切り干し大根、納豆
✳麻婆春雨、甘栗と鶏肉の中華風炒め、きくらげときゅうりの酢の物

✳ざるそば（または、あたたかいおそば）、アナゴの天ぷら、ほうれん草のおひたし
✳うなぎの蒲焼き（または白焼き）、肝吸い、高野豆腐とフキの煮物
✳にゅうめん（または、冷やしそうめん）、ハモの梅肉和え
✳味噌煮込みうどん、コロッケ
✳長いもとオクラのサラダ、牛肉の香草焼き、お麩と長ねぎのお吸い物

※料理できる人は、自分で作ってみてね。作れない人は、お店で食べてもＯＫ！
また、メインとサブの料理などは組み合わせ自由♪　自分ひとりで食べるのもいいけれど、彼と一緒に食べると、なおいい！

さて、麺類であり、長いものでもある、最もポピュラーな「パスタ」については、あえて、ここではふれていません。開運の意味が満載ですので、次の項で、お伝えしましょう♪

ごきげんパスタで、彼のハートを惹き寄せる♪

シークレットな法則で、最強のラブ・パワーをみかたにつける

幸せな「恋愛運」を育むパワー満載のシンプル料理こそ、何を隠そう「パスタ」です！　ひとりで食べても「恋愛運」を摂り込めますが、意中の相手と二人で食べると、もっと楽しく、ルンルンごきげんで、ハッピーラブが約束されます！

熱々の茹で立てパスタは、二人のラブラブ度を高め、かつ、高まった愛を末永くあたため、絆を結ぶ作用があります♪　しかも、「パスタ」は、フォークでくるくる巻き巻きしながら食べるもの！

何を隠そう！　この、くるくる巻き巻きする行為こそ、彼の心をこちらに惹き寄せ、虜にさせるパワーに満ちているのです♪

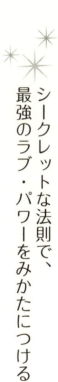

パスタの種類は多種多様にありますが、ロングタイプのものなら何でもOK！　たとえば、円柱状の直径1・4～1・9ミリ、長さ25センチ前後のロングパスタは最もポピュラー。太いタイプのものなら、濃厚ソースでどうぞ♪　スリムなものはライトなソースでいただくといいでしょう。

ちなみに、極細タイプのものは、デートでいただくのは避けましょう。恋愛運的に〝プッツリ切れやすい〟のも気になりますし～。ひとりのときに食べるのはOK。

オススメは、幅が5～10ミリ前後の平麺状ロングパスタ！　二人の関係をしっかり、どっしり安定させます！

このタイプは、愛と情熱と美食の国といわれるイタリアでは、ローマ時代から続くもので、クリームソースと相性抜群で、たっぷりリッチな食べ応えが堪能できます。

〝長い〟という象意の「風の聖人」（四緑木気性）のパスタを大胆に太めのものにし、恋愛力をしっかりつけつつ、「水の聖人」（一白水気性）の象意を持つ〝白い〟〝牛乳〟

〝生クリーム〟の濃厚ホワイトソースでいただくことで、さらにGOOD！　二人の距離を一気に縮め、親密さを増し、絆を育み、SEX運UPにつながります！

さらに、白ワインなど一緒に飲めば、さっそくロマンチックな夜を過ごすことに♪　彼の深い優しさにあたたかくいたわられ、包み込まれ、身も心も幸せで満たされることになるでしょう。

彼の心を惹き寄せる「勝負メシ」は、これ！

ラブラブ度UPによく効く☆なみちゃん流オススメ献立

✴ミートソースパスタ、コーンスープ、バゲット
✴サクラエビのパスタ、グリーンピースのスープ、ロールパン
✴水菜とじゃこのパスタ、グリーンサラダ、バゲット
✴ベーコンとなすのトマトソースパスタ、シーザーサラダ
✴ホタテのホワイトクリームパスタ、トマトサラダ、イカのフリット

✳カルボナーラ、牛のトリッパ、大根or水菜のサラダ

※彼とランチに行くなら､パスタ専門店へ♪　もし､ピザも注文したいと彼が言ったら、四種のチーズのピザを♪　四という数字が恋愛成就の決め手！　パスタをくるくる巻くときは、ひと口大にして食べる。そのとき、彼の顔をちゃんと見て、「おいしいね♪」と、ほほえむことを忘れずに！

イタリアンには、〝恋の勝利〟の予感がいっぱい♪

リストランテで、パワーチャージ!!
生命力と発展力を摂取する

彼とのデートで「何を食べようか?」「どこに行こうか?」と迷ったときには、ぜひとも、イタリアンへ!

女性の中には、男性に、「何が食べたい?」と聞かれたときに、自分の行きたい場所や食べたいものを言うと「なんだか悪いし……」と思って、はっきりと言えない人もいるものです。しかし、男性は、何が食べたいのかを女性に言ってもらったほうがうれしいし、そのほうがデートもセッティングしやすいものです。

「なんでもいい」「どこでもいい」という女は、そういうことで自分は素直な〝やりやすい女〟になっておこうとするのかもしれませんが、違います。逆です！
むしろ、〝何でもいい〟〝どっちでもいい〟という女ほど、〝やりにくい女〟〝おもしろみのない女〟になってしまいがち。

「イタリアンが食べたいなぁ〜♪」と可愛く言えば、たいがいの男性は、「じゃあ、そうしようか♪」と言ってくれるものです。

もし、あなたが「イタリアンがいい♪」と言ったときに、「えっ⁉」と、けげんそうな顔をしたり、「俺はそんな気分じゃない！」などと怒ったり、自分から「何が食べたい？」と聞いておいて、あなたの答えたことを却下するような態度をとる男性がいたとしたら、つきあい方を考えたほうがいいかもしれません。自己中の「俺様男」は、どのみち、あなたを大切にはしてくれないでしょう。

おっと、前置きが長くなりましたが、**イタリアンのお店に来たら、カラフルなもの、フレッシュなもの、スパイシーなもの、パワフルなもの、香り高いものを、あれこれセレクトして食べるといいでしょう！**

たとえば、色とりどりの野菜スティックをたくさん食べられるバーニャカウダや、新鮮な魚介類も一緒に摂れるシーフードサラダ、スパイシーソーセージのピザや、濃厚デリシャスなカルボナーラパスタ、真っ赤な情熱を感じる牛肉の赤ワイン煮込み、オリーブオイルにつけて食べるフォカッチャ、良い香り漂うチキンのハーブ焼き、コトコト煮込んだ豆類のトマト煮などなど……。

とにかく、そういったものを意識してセレクトし、二人でシェアして食べることで、あなたと彼のエネルギーが高まり、良い気で満たされます！

また、ポジティブに二人の関係を見つめられるようになり、交際がうまく発展していきます！

そもそも、彼とイタリアンのお食事デートに行けること自体、恋に勝利したも同然です♪　イタリアンには、食べるよろこびと、会話を弾ませる楽しいムードがあり、二人の恋の物語をハッピーエンドにするエネルギーも大なのです！

というわけで、次の料理を彼と二人でシェアして食べてね♪

ハッピーエンドにつなげる「勝負メシ」は、これ！

二人の絆によく効く☆なみちゃん流オススメ献立

✳バーニャカウダ、牛肉のワイン煮、水菜とじゃこのパスタ
✳ミートソースパスタ、モッツァレラチーズのカプレーゼ、バゲット
✳バジルのパスタ、エビのアヒージョ、生ハムのピザ
✳ホタテのクリームパスタ、豆類のトマト煮、フリット
✳シーフードパスタ、4種のチーズのピザ、グリーンサラダ
✳小エビのトマトクリームソースパスタ、フォカッチャ、ソーセージ
✳カルボナーラ、カルパッチョ、トマトとオリーブのサラダ

※これ以外にも、お好きなパスタや香る一品、彼とシェアして食べたいものをご自由に！　その他、お皿の上がカラフルに見えるものやパッションを感じる一品、わくわくするメニューを、お好きな組み合わせでどうぞ♪　ちなみに、レストランでは食後にドルチェを。二人の甘い時間を約束してくれます。

幸せな結婚をかなえる☆大地料理を口にせよ

たったひと口でも効果テキメン!? マリッジパワーを染み込ませる

パートナーとの本物の愛を育んだなら、次は、「結婚して、幸せな家庭を築きたい！」と望む人もいることでしょう。

そんな人にぜひともしっかり食べていただきたいのが、「大地料理」です！

「大地料理」とは、「地の聖人」（二黒土気性）の象意である〝土の中で育った野菜〟（土つきの野菜）を煮炊きして作ったものや、田畑で収穫できるお米や野菜を使った料理のことです。

そこには、「結婚運」「家庭運」を高めるエネルギーが満載です！

そもそも大地は、〝母なる大地〟とも呼ばれ、その性質は、万物を自分の内側でしっかり守り、養い育てる力に優れています。

土は自分の中にある栄養分を花の種や木の根に惜しみなく充分与えて、それでも見返りを求めません。

その姿は、まるで聖母マリアのようであり、無償の愛のかたまりです！　自分の内包するものをより良く立派に養い育て、形にする、その愛と慈悲深さは「本物」のエネルギーそのもの！

それゆえ、「地の聖人」（二黒土気性）の象意を持つ「大地料理」を食べることによって、好きあう二人は互いに、自分自身の中にある愛を大切に育み、本物にし、守り通そうという精神をしっかり育むことができるのです。

その精神エネルギーが、おのずと「結婚運」「家庭運」を高めるというわけです！

しかも、「地の聖人」（二黒土気性）には、良妻賢母、母、家庭的な人という象意もあり、あなたを〝立派な奥さん〟〝子どもを無償の愛で育てるお母さん〟にしてくれます。「田舎」「故郷」という象意もあり、確かで幸せな拠点をしっかり築かせてくれます！

さて、「大地料理」には、白米や玄米などの穀類も必須です！

そのためにも、あなたが彼との結婚を意識しているなら、たまには、家で作ったごはんを食べる習慣を持ってみてください。彼と一緒に食べるのもいいですし、もちろん、自分ひとりで食べてもＯＫ！

じゃがいも、さといも、さつまいも、ごぼう・レンコン・里芋・たけのこ・大根などをふんだんに使った料理は、とにかく、「結婚運」「家庭運」が大♪

土つきの野菜のごった煮もいいですし、そこにお肉や豆などを加えて、よりおいしく好きな味で煮込むといいでしょう。

味付けに醤油・砂糖（できれば、三温糖）・お酒（または、みりん）や、時には味噌なども使って、何かを煮込んだりすれば、料理の見た目は、あまり美しいとは言えない色、そう土色になっているものです。

が、味は抜群で何杯でもごはんがイケる！　そんな「おふくろの味」を持った母なるパワー満載の料理こそ、彼の心を大きく揺さぶり、つかむことになるのです！

料理を作れないという人は、どこかの地方の「郷土料理」をお店に食べに行くのも、GOOD！「郷土料理」もまた、「地の聖人」（二黒土気性）のエネルギーが満載です！

それ以外には、おでんや寄せ鍋などの鍋料理も「地の聖人」（二黒土気性）の象意にあふれ、あたたかい絆で結ばれた家庭を築く要素があります。

また、きんぴらごぼうや、ラム肉の料理、かまぼこやちくわを使った料理などもオススメです！　小豆を使った料理や、お汁粉やぜんざい、おはぎなども、あなたの「結婚運」「家庭運」をサポートしてくれます！

母なるパワーで「結婚運」「家庭運」を高めるには、高級な料理というより、庶民的で、あたたかく、大皿で盛り付けて出せるような料理でいいのです。

材料も高級食材ではなく、お安い素材なんだけれど、土の匂いが香るようなもの、新鮮なもの、質の良いもので、あなたの腕によってさらにおいしくなるという家庭的な一品であればいいのです。

「煮炊きしたものなんて、私は作れない～」と言う人もいるかもしれませんが、とにかく、この「大地料理」は女の幸せな運気が染み込んでいるので、練習してでも、作って食べてみる価値はあるでしょう！

ちなみに、私も独身の頃、そんな煮炊き料理などしたこともありませんでしたが、結婚を意識したときに「作ってみたい♪」と、突然、そういう気持ちになって、やり始めたのがきっかけで、煮炊きできるようになりました。

まぁ、そもそも相手に愛情があれば、「作ってあげたい♪」となるわけで……。とにかく、愛はややこしいことすらも、よろこんでやれてしまうわけです♪

さて、誰が言ったか知りませんが、「彼の心をつかむなら、まず、胃袋をつかめ」などともよく言われるように、あなたが心を込めて、時間をかけて作った料理は、彼の胃袋を満足させるだけでなく、大きな感動と愛を生み出すものとなるでしょう。

そうして、彼が、「こういうものを毎日作ってくれる奥さんて、いいなぁ♪」とイメージするとき、あなたの花嫁姿が彼の未来ビジョンの中に現われることになるのです！

結婚運を高める「勝負メシ」は、これ！

永遠の愛によく効く☆なみちゃん流オススメ献立

* 肉じゃが、しいたけのお吸い物、水菜のサラダ、魚のマリネ
* 大根と小松菜と豚バラの煮込み、あじの開き、野沢菜の漬け物
* 鶏肉・人参・たけのこ入りの炊き込みごはん、豆腐の味噌汁、大学いも
* 栗ごはん、さんまの塩焼き、たけのことわかめの吸い物

✳野菜の具だくさん味噌汁、グリーンピースごはん、鶏もも肉の塩焼き
✳土野菜の煮物、さばの塩焼き
✳鶏肉の筑前煮、ちりめんじゃこの大根おろし添え
✳ピーマンの肉詰め、じゃがいものコロッケ、豆腐の味噌汁
✳きんぴらごぼう、豚肉の生姜焼き、ポテトサラダ、豆腐とわかめの味噌汁
✳和風ハンバーグ☆ほうれん草と人参のソテーを添えて、豆腐の味噌汁、くるみと小魚の和え物
✳おでん、寄せ鍋、カニ鍋、キムチ鍋、味噌鍋、モツ鍋……鍋物類なら、なんでもＯＫ！

※煮炊きしたものや、土野菜の料理をメインにしたら、あとのサブは自分の好きなものでＯＫ‼

※よろこんで、手間暇かけて、誰かのために何かをするとき、不思議とすべてはうまくいくもの♪

〝壊れかけの家庭〟を甦《よみがえ》らせるには、食事療法

夫婦不和・子どもの非行・家族の病気・家計問題を解消するために

最近、「夫婦で会話がない」「すっかり仲が冷めてしまった」「家庭の中が暗く、問題だらけ」「子どもが非行に走る」「このままだったら、いつか離婚してしまいそう～」という方は、ぜひ、「地の聖人」（二黒土気性）の象意を持つ食べ物を摂りましょう。

前項でもお伝えしたように、〝母なる大地のパワー〟が満載で、家庭運によく作用し、その無償の愛のエネルギーが家族の絆を修復してくれます。

この「地の聖人」（二黒土気性）の象意を持つ食べ物は、なにも家庭のある人だけでなく、独身の方にも、しっかり摂ってほしいものです！

土の中で育まれた野菜をしっかり煮炊きしたもの、手間暇かけて作った家庭料理は、冷たく、固くなってしまった家庭の中の空気をやわらげ、あたたかさを取り戻し、良い変化を起こすでしょう！

あたたかいものを口にし、体をあたため、ホッとし、優しい味を感じることで、人の心もなごみ、情もわきあがるものです。

たとえば、**あなたがせっかく作った料理を、家族が会話もせずに黙って食べたとしても、「おいしくない」「まずい！」などと文句を言ったとしても、その料理の持つ気＝エネルギーが、食べた人を内側からより良い状態に導くからです。**

ですから、家族に問題のある人は、率先して、〝あたたかい家庭料理〟を作ることをしばらく続けてほしいのです。1か月も手作りを続ければ、だいぶ家族の顔色やムードも変わってくるのがわかるはずです。

ちなみに、家庭の中が暗い、悩みや問題が多いというのは、家の中に「神様」のエネルギーが不足しているサインです。守護力をアップさせる必要があります！

そのためには、「火」と「水」を毎日使って、ちゃんと料理することが大切なのです。というのも、**神様のエネルギー＝〝気〟は、「火」と「水」を使うことによって、その家の中に入って来るからです！**

「同じ屋根の下、同じ釜の飯を食う」ということによって、一緒に暮らす人の情愛や絆がつくられると覚えておきたいものです。

料理を作るときは、「めんどくさい」と不満に思ったり、文句を言いながら作らないようにします。「おいしくなぁれ」「家族のみんな、ありがとう」など、良い気持ちや言葉を持って料理しましょう。

ちなみに、「愛」は、どんな冷たく固いものをもやわらげ、あたため、最善に導く力を持っているわけですが、その「愛の力」こそ、「神の力」なのです！

家族全員の運を守る「勝負メシ」は、これ！

ファミリーの幸せによく効く☆なみちゃん流オススメ献立

✳豚の角煮、小松菜の味噌汁
✳肉じゃが、サケの塩焼き、玉子焼きの大根おろし添え
✳豚バラと野菜の具だくさん味噌汁、ひじきの煮物、鶏肉のから揚げ
✳ブリ大根、じゃがいもと牛ミンチのコロッケ、ほうれん草のおひたし
✳筑前煮、さわらの塩焼き、小松菜のおひたし
✳出し巻き玉子、カレイの煮つけ、春菊とほうれん草のごま和え
✳和風ハンバーグ、ほうれん草と人参のソテー、豆腐の味噌汁
✳各種鍋物など
✳お汁粉、ぜんざい、おはぎなどのおやつ
✳鶏もも肉のカシューナッツ炒め、カニ玉、冬瓜と人参のとろみスープ

※子どもや夫の好きなもの、家族で囲んで食べるものをどうぞ♪

※家庭の問題を解決するには、問題の対象が子どもなら、とにかく、子どもが小さい頃から好きだったものや、食べたいというものをしばらく毎日作ってあげてください。問題の対象が夫の場合は、夫の好物を作り、なにかその日の食事のメニューに夫にだけ一品プラスするか、お酒の好きな人には、お酒のあてとして、どんなに簡単なものでもいいので一～二品添えるように。

※家庭に問題の多い人は、白米を炊くときに、といだお米の中に、指で軽くひとつまみ程度の粗塩と小さじ1杯弱程度のお酒を入れて炊くと、浄化作用あり。

食べると楽しい☆そんな〝縁結び料理〟とは！

幸せのうず巻きさん♪
日常的にハッピーフローに乗る一品！

恋愛・結婚・家庭の運気をもっと手軽にUPさせる食べ物をご紹介しましょう。その特徴は、ズバリ！　くるくる・巻き巻き・うず巻きです♪

そういうものを単品で食べてもいいし、ここまでにお伝えした「恋愛運」「結婚運」「家庭運」の勝負メシに＋アルファしてもいいでしょう。

メインに、くるくる、巻き巻き、うずまき料理を持ってきたら、サブは自由にどうぞ♪

また、おやつの際に摂り込んでもＯＫ！

ちなみに、何かひとつのものをしばらく続けて食べることで、毎日その食べ物の持つエネルギーを摂り込むことができます！

たとえば、朝食は、食パンやフランスパンではなく、クロワッサンにする♪　など。日常的に摂り込めば、それだけ早く、その運気をみかたにできます！　その他、自分なりに発見した、くるくる・巻き巻き・うず巻き料理をどうぞ♪

良縁達成運のための「勝負メシ」は、これ！

結びつきによく効く☆なみちゃん流オススメ献立

- ✳クロワッサン、レタスとハムのサラダ、あたたかい紅茶
- ✳くるくるクレープ、ミルクコーヒー、ヨーグルト&フルーツ
- ✳ミンチのレタス巻き、わかめスープ、シーフードチャーハン
- ✳きゅうりの巻き寿司、鉄火巻き、あおさ汁、野菜の炊き合わせ
- ✳手巻き寿司、もずく、里芋の煮物、赤だし味噌汁
- ✳ソフトクリーム、ねじり棒状のドーナツ、ペロペロキャンディなど

愛され体質になる☆そのためにすべきこととは⁉

――縁談がやってくる！　本物のパートナーが現われる！　シンプルな法則

評判は、〝風の便り〟とも言われるように、本来、風に乗って自然にひろがるものです。しかし、その〝風の便り〟は、何もしないで勝手に良いものになるわけではありません。

実はあなたの日頃のあり方が大いに関係していたのです！

といってもむずかしいことではありません。ただあなたが明るく、ほがらかによく笑い、優しくて、誠実であればいいだけです。それこそが、「風の聖人」（四緑木気性）の象意の示すところであり、人に好かれ、愛されるあり方だからです！

もちろん、自分の評判をいちいち気にして生きる必要はありませんが、前述のような人でいることで、自分も気持ちいいし、まわりも気持ちいいし、おのずと人に好かれます。すると、やはり、自分が心地よいわけです。

恋愛運・結婚運を高めたいというのなら、なおさらそうあって然《しか》るべきです！覚えておきたいことは「縁談話は、親切で優しい人のところにくる」「信頼に価する人に、人は押し寄せる」ということです。

その〝信頼〟は、人によって態度を変えたり、状況によって人間性が変わったりしない、〝日頃からの人柄の良さ〟〝いつもどこにいても変わりない素敵なあり方〟からくるということなのです。

そのためにも、「ああ、何もいいことがない！」などと仏頂面しておらず、そのあなたの素敵な笑顔を惜しまずふりまいてみてください。また、好きな人には優しくするけど、気に入らない人にはいじわるをするというようなあり方はやめることです。

本来、自分の中に備わっている、本当の優しさ（仏性からくる尊いもの）を、出し惜しみせずにいたいものです。

人と人との出逢いやつながりには、心の〝優しさ〟がものをいうからです。優しい人には、誰も勝てません。

さて、「あそこのお嬢さんは、明るくて感じのいいお嬢さんよ」「あの娘さんは、きちんとあいさつをかわすし、誰にでも親切」「あの子は、気立てが良くて、料理がうまくて、古風。お嫁さんにするには、本当にいい相手だよ」「ああいう女性を奥さんにしたら、男は幸せになれそう」と、あなたのなにかしらの良い評判が、自分の知らないところで広がるだけで、多くの人が、あなたに「会ってみたい♪」「つきあってみたい！」と、心を寄せ、やってくるようになります。

そのとき、現われる人は、あなたの知っている人の場合もありますし、まったく知らなかった、初めて出逢う人の場合もあります。その評判となるところからくる場合もあるし、まったく関係のないところからやってくる場合もあります。

要は、そういう良い評判が立つくらいの人なら、どこにいても、その魅力は勝手にまわりに伝染し、異性を惹き寄せずにはいられなくなるということです！

ただし、あなたが素敵だと、いろんな異性がやってくるからこそ、〝本当のあなた〟をわかってくれる人にみそめてもらう必要があります。

本当のあなたをわかってくれる人は、表面的なことだけでなく、内面の良さまでわかってくれるものです。また、良いところだけでなく、そうでないところも含めて好きになってくれるものです。どのみち、この世の中には、完璧な人間などいないわけですから。

人間がもし、完璧になることがあるとしたら、死んで仏になったときくらいでしょう。そうでない限り、人には誰でも、いろんな面があるもので、それをわかっている人こそ、見る目のある人というわけです。

ちなみに、**人を正しく見ることができる「見る目のある人」は、人に対する先入観や変な思い込みや偏見がありません。そういったものがないからこそ、正しくその人自身を見ることができ、認めることができるのです。**

しかし、だからといって、異性を前にして、あなたは自分がどう見られるのかを恐れる必要はありません。どうせ、自分の本当の姿でないものはすぐに見破られますし、本当の姿をわかってもらえていたなら、何も隠す必要もなく、かえって、ありのままの自分で安心してふるまえるからです。

本当のあなたをちゃんと見てくれる人に出逢えたなら、そのほうがかえって楽で、自然体でいられ、長続きできるものです。

Chapter

2

金運・財運によく効く☆
黄金のごはん

体の中からリッチになる♪
知らないうちに金運体質!!

この章のポイント♪

お金持ちになるために摂っておきたいエネルギーとは!?

この章で、摂っておきたいのは、「月の聖人」（七赤金気性）のエネルギーです。〝お金を惹き寄せる〟、〝商売繁盛を叶える〟働きがあります！　特に、〝現金〟を手元に集める作用は大きいもの！

また、やってきた現金を殖やす！　拡大する！　へそくりなどの秘密のお金をつくるには、「水の聖人」（一白水気性）のエネルギーを！　「水の聖人」は、Chapter 1でも出てきましたが、人のご縁という意味を持ち、縁＝円とも関係しています。

そして、不動の財運、巨万の富を得たいなら、「山の聖人」（八白土気性）のエネルギーを摂るといいでしょう！

これらのエネルギーを摂るために、何を食べればいいのか？　気になる金運・貯蓄運・商売繁盛運・財運のための「勝負メシ」をここではお伝えしていきます。

みるみる現金に恵まれる☆マネー・シークレット

「お財布」の中身を増やしたいなら、
○色の料理を食べなさい！

金欠病から逃れたい！　もっと財布に余裕がほしい！　とにかくお金を！　というのなら、金運波動バリバリの「月の聖人」（七赤金気性）の象意の食べ物がオススメです！

それには**「オレンジ色のもの」「黄色いもの」「黄金色のもの」「朱赤のもの」のお料理を食べること！　そこには、お金を惹き寄せるエネルギーが大です♪**

では、なぜ、そういった色のものがお金を惹き寄せるエネルギーと関係するのでしょうか？

実は、これこそが「お金」を象徴する色だからです！

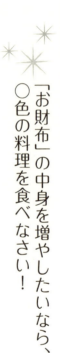

そもそも、「月の聖人」（七赤金気性）の象意を示す、そういった色は、〝夕暮れの西の空の色〟なのです。

陽が落ちると、人々は仕事を終え、帰路につき、やれやれとほっとし、夕食を食べ、晩酌をし、ゆったりくつろぎますね。

そういった一日の中で、最もくつろぎ、やすらぎ、心豊かな状態のときこそ、〝富と豊かさの象徴〟であると、開運気学では、昔から考えられていたわけです。

〝余裕のとき〟の空の色こそ、豊かさ＝お金を示すものであり、昔から小判の色とされ、リアルに「現金」を示すものだったのです！


さて、〝お金持ち〟をイメージするとき、土地・家屋や株などで儲けることをイメージする人も多いでしょうが、そういったものを持つまでには、大きな「現金」を自分になだれ込ませる必要があります。特に、昔は、クレジットカードなどもなく、なにはともあれ、「現金」がなくてははじまらなかったのですから。

しばししのぐお金というのは、多ければ多いほど、ありがたいものです。いくらたくさんあっても、お金は腐りませんしねぇ～（笑）。

現金運を高める「勝負メシ」は、これ！

お金によく効く☆なみちゃん流オススメ献立

✳親子丼（または、玉子丼、他人丼）、長ネギと油揚げの味噌汁、たくあん
✳いくら丼（または、マグロ丼）、かぼちゃの煮物、なめこの味噌汁
✳オムライス（チキンライス）、コンソメスープ、菜の花のおひたし
✳厚焼き玉子、紅サケの塩焼き、さつまいも入り具だくさん野菜の味噌汁
✳かぼちゃ・紅ショウガ・エビの天ぷら、豆腐の赤だし、みょうがの酢漬け
✳パイナップル入り酢豚、玉子スープ、人参の千切りサラダ
✳サフランライスのハヤシライス、オレンジと人参とレタスのサラダ

※メインに黄色やオレンジの料理をもってきたら、サブのおかずはお好きなものをどうぞ♪

キチンと貯蓄チキン☆金運UPの強いみかた

お金に困ったら、なにはともあれ鶏肉生活を！

なにを隠そう！　プアーからリッチな人生へと人をいざなってくれる食べ物こそ、ズバリ、「鶏肉」です！

ちなみに、私は尊敬する開運気学の先生に、「鶏肉を食べると、金運がつくよ」と教えられて以来、なにかとそればかり食べていました。

鶏肉料理が金運をアップするというのは、「月の聖人」（七赤金気性）の象意からきています。その象意が担当する方位は、「西」で、〝酉（トリ）の方位〟とも呼びました。そこから、お金の象徴＝西＝酉（トリ）＝鶏ときたわけです。

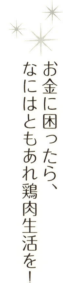

とにかく、金運に恵まれたくて、ひたすら、鶏料理ばかりしつこく食べていた時期が私にはありました。もう～、朝起きたら、口から、「コケッ♪　コケッ♪　コケコッコ～♪」と、声が出そうなくらい。そのおかげでか、あきらかに、昔よりも格段に金運はついたかもしれません。

さて、デビュー直後、おもしろいことがありました。たまたま、ある出版社の編集者と会っているときに、何気なく金運と鶏肉料理の話をしてみたら、「それ！　おもしろいですね！　僕も真似したいです！　そうだ！　ぜひ、うちの雑誌でその金運料理のことを紹介させてください‼」と、そのあとすぐ、雑誌に取材され、当時、私の実践していたレシピが掲載されたほど。もちろん、それが突如、入ってきたことで、臨時収入にもなり♪

ちなみに、当時、私が好んで食べていたのは、「鶏のささ身のホイル焼き」です。アルミホイルを30センチ×30センチにカットして、そこにバターをぬり、その上にひと口大に切った鶏のささ身と、しいたけ、えのき、チーズを乗せて、くるっと包み、

オーブントースターで15分ほど焼いて、できあがり♪

超簡単で、すぐに作れて、あっという間に、お金を惹き寄せ、貯金も殖えたので、しつこくこればかり食べていました。それゆえ、私はこの料理を〝キチンと貯蓄チキン〟と呼んでおります。

なにせ、鶏肉は金運の、食卓の日常必須アイテムです♪


貯金運を高める「勝負メシ」は、これ！

蓄財によく効く☆なみちゃん流オススメ献立

✳鶏ささ身のホイル焼き（玉ねぎ、えのき、しいたけ入り）、コーンスープ
✳鶏ささ身のチーズ巻きフライ、じゃがいもとさつまいものマッシュポテト、コンソメスープ
✳鶏もも肉ステーキ（玉ねぎとトマトケチャップのグレービーソースで）、インゲンと人参のソテー
✳鶏肉のから揚げ、薄揚げときぬさやの味噌汁

＊焼き鳥、ひややっこ、ラディッシュと人参のサラダ
＊鶏のつくね鍋・味噌味（鶏ミンチ、鶏もも、白菜、もやし、ニラ入り）
＊鶏肉のカシューナッツ炒め、麻婆春雨、玉子スープ
＊鶏肉のハンバーグ、人参・キャベツ・オレンジのサラダ、コーンスープ

※鶏肉料理を4日～7日、それ以降も可能なら2週間くらい続けると、ヘルシーなせいか、なぜか体も心もスッキリ軽く、気分が良く、頭も冴えてきます。
そして、知らず知らずに金運体質に♪

※自分のオリジナル・チキン料理で、キチンと貯蓄人生を叶えましょう！

なんと！〝B級グルメ〟に、お金を呼ぶ力があった

それなりにおいしい♪　しかも、即効で金運アップしてしまうなんて

Ｂ級グルメは、なんといっても、お手頃価格！　お財布に優しいお食事タイムを叶えてくれます。

もう、その時点で、「金運」ＵＰしたような感じで、あなたの気分を軽やかに、〝ふところ事情〟をあたたかくしてくれるもの。

なかでも、見た目が、黄色、オレンジ、ベージュ、ブラウン系のものは、金運パワーも大！

お手軽リッチな作用のある〝Ｂ級グルメ〟は次の通りです。

即効金運を高める「勝負メシ」は、これ！

お財布によく効く☆なみちゃん流オススメ献立

＊カレーライス（何カレーでもOK。チキンカレーは特にGOOD！）
＊ラーメン（塩、醤油、味噌、トマト…何でもOK）
＊焼きそば、お好み焼き、たこ焼きなど
＊チキンライス、オムライス、ハヤシライスなど
＊から揚げ、串揚げ、とんかつ、メンチカツ、コロッケなど
＊親子丼、他人丼、天丼、かつ丼など
＊スパゲティナポリタン、ホットドッグなど

※とにかく、食べ物の見た目が「黄色」「オレンジ色」「黄金色（または、ベージュ）」の料理や、鶏肉を使ったものなら、どんなB級グルメでも、OK！

眠った金運・沈んだ金運は、この〝刺激〟でゆさぶれ！

ちょいと刺激を与えるだけで、
あなたの感性と金運が目覚める♪

最近、お金が出て行くばかりで戻ってくる気配がない、一向に貯金がたまらない、早くお金に入ってきてほしい！ もっと強い金運をいますぐほしい！ というなら、スパイシーな料理をどうぞ♪

乏しい金運は、〝激辛料理でゆさぶれ！〟が、鉄則です！

辛いものが、あなたの味覚と新陳代謝と金運を刺激し、停滞したエネルギーをゆさぶり、沈みきった金運をシャキッと目覚めさせてくれます！

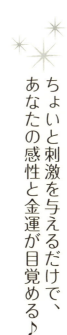

さて、辛いものを食べるというとき、なにも、塩や醤油を濃くするのではありません。ピリッとスパイシーな刺激を摂るということです。

たとえば、日頃食べている料理に、ブラックペッパーや、トウガラシや山椒、ラー油を加えるだけでもOK！　辛いものが苦手だという人は、少量用いるだけでもいいでしょう。


辛いものもまた、「月の聖人」（七赤金気性）の象意であり、金運を呼ぶものだからです！

辛いものがお好きな方は、この際、激辛カレーをどうぞ！　カレーのルーの黄・茶・赤の金運カラー作用と辛味パワーのリンクで、強烈に金運アップを叶えてくれます！


とにかく、辛いものは、「月の聖人」（七赤金気性）の象意である、西の方位、秋の季節、実りと収穫の頃、快適さと裕福な暮らしを示すエネルギー！

それは、金運や富裕な暮らしをくれるだけでなく、のんびり、宴を楽しむような、快楽性をもくれるものです！

それゆえ、辛いものを食べると、そういったすべての働きが人に作用することになり、性格は明るくさっぱりし、ほがらかで愛嬌のあるゲラゲラとよく笑うタイプとなります。細かいことをいちいちぐじぐじ気に病む繊細さとは無縁となり、度量のある人にもしてくれます。また、よく笑う人は、それだけ新陳代謝も活発で、自然に有酸素運動をしていることになり、とにかく健康に♪

健康で、明るく、ほがらかで、前向きで、細かいことを気にせず大胆に進めるようになると、人は大きなことも楽しんでやれ、人もお金もついてくるようになるというわけです！

とはいうものの、辛いものの摂りすぎはよくありませんので、刺激がほしいときには、自分にあう料理で上手に活用してみてください。

さて、この辛いものが金運アップを叶えてくれた！　という、そんなエピソードをご紹介しましょう！

それは私の知人の男性Gさんのことです。彼は、あるとき、リストラにあい、とてもショックを受け、ごはんも喉を通らなくなってしまったのです。仕事と生き甲斐と自信を失い、お金にも困っていました。

そんな彼が、ある日、どうすればいいのかと相談にやってきたのです。

私は、話を聞きながら、Gさんが仕事を失ったことより、すっかり生きる気力を失ったことが心配になりました。それで、まずはしっかり体を支えてもらいたいと、とにかく、ごはんだけはちゃんと食べてもらいたいと思い、また開運のためにもと、彼にこう伝えたのです。

「何があったにせよ、まずは、ちゃんとごはんを食べないとね。気力を失っているときに体力を失うと、致命傷よ。復活が遅くなるだけでよくないわ。辛いものなら食欲をそそるし、刺激になって、食べられるんじゃない？」

そして、パワーアップ＆金運アップの辛い料理について伝えたのです。

すると、彼は、食べ物で開運できるなどということは信じませんでしたが、「キムチ鍋なら、なんとか食べられるかも……」と、体のために食べることにしたのです。彼は、そもそもキムチ鍋が好きだったこともあり、日中食欲がなくても、なんとか夜だけはとキムチ鍋を食べていました。

はじめのうち、何もする気力のなかった彼は、食欲そのものもなく、それゆえ、喉を通りやすいものしか食べられず、豆腐と白菜だけを入れて食べていました。

しかし、これが辛いものの効果か、しばらくすると、食欲が自然に出てきたようで、鶏肉を入れたり、豚肉を入れたり、野菜も増やして、食べられるようになったのです。そうして、食べあきないようにと、次には、エビやイカやホタテなども入れ……。

そんなキムチ鍋を1か月も続けた頃、カプサイシン効果か!? 不思議と太り気味だった体も少しスリムになり、顔の色つやもよくなり、気力が戻り、元気になってきたというのです！

それまで引きこもりがちだった彼は、ある日、ひさしぶりに外出したい気持ちになり、繁華街へ。すると、そこで、昔お世話になったことのある会社の社長さんにバッタリ会ったのです。

「いま、何をしているのかね?」と聞かれ、彼はリストラされたことや、働く先を探していることを話したのです。

すると、社長さんは、「そんなに元気そうなのに、何もしていないのはもったいない! なんなら、うちへ来ないか? 頼りにしていた人が先月やめてしまって、重要なセクションが人手不足で困っているんだ」と、仕事に誘ってくれたのです!

そうして、「ぜひ!」と、その会社に行くことになったのですが、なんと、その会社の給与は、前の給与を大幅にうわまわる、かなりの高額だったのです!

その会社で働くようになった彼は、お金もたまり、念願の3階建ての家を建てて住めるようになり、高級外車にも乗れるほどに!

辛いものを食べるという刺激は、味覚にとっても、心身にとっても、運気にとっても、とても有意義なことだったのです!

金運復活運を高める「勝負メシ」は、これ!

お金の動きによく効く☆なみちゃん流オススメ献立

✳キムチ鍋(鶏肉、エビ、ホタテ入り)
✳マーボー豆腐(鶏ミンチで)、チンジャオロースー、コーンの中華スープ
✳チキンの激辛カレー、ポテトとチーズのサラダ
✳エビのチリソース、チンゲン菜と豚バラ肉の炒め物、玉子スープ
✳白菜と豚バラと黄ニラのキムチ味炒め、ワンタンスープ、大根のマヨネーズサラダ
✳エビとホタテのブラックペッパー炒め、焼き豚入り五目チャーハン、レタススープ
✳鶏肉の豆板醤炒め、チンゲン菜とベーコンのクリーム煮、もやしスープ

※自分の好きな食材を、ちょっと辛口にしてみてください。たとえば、いつもの料理に、もみじおろしやラー油をかけて食べるのもOK!
決して塩辛くは、しないでください。

金持ち・土地持ち・財産持ちになる☆偉人の料理

あなたが打ち出の小槌になる!!
そんな、秘密の食材とは!?

チキンでお金を呼び込んだら、今度はそのお金をもっと大きくしたいものです。お金を殖やし、拡大させるには、「山の聖人」（八白土気性）の象意を持つ食べ物から、エネルギーをもらいましょう！

「山の聖人」（八白土気性）の象意は、山のごとく大きくそびえ立ち、揺るがない「財運」の気に満ちています！

それは、ツイていたりツイていなかったりといった不安定な金運ではなく、〝本物の安定した金運〟からくる〝財力〟を育んでくれます。

そのためにメインとして食べたいのが、牛肉料理！　牛肉のくれるどっしりとした食べ応えは、しっかりお腹にきます。

下腹＝丹田に力を持たせることで、ダイナミックな財運が築けるのです♪

とにかく、丹田（下腹）は「お金」と大いに関係する場所で、ここに高いパワーがある人ほど金運が強く、弱い人ほど金運がないといわれています。

また、つけあわせに〝山菜料理〟を一緒に食べれば、「山の神」がみかたして、金運がこの先々の人生で、脈々とつながっていくのです！　〝お金は続くよ～♪　どこまでも～♪〟と、いうように。

なにせ、「山の聖人」（八白土気性）のエネルギーは、山々が細く長～く連なっている山脈のように「つながる」性質を持っているからです！

ちなみに、すごい人脈とつながることができるのも、この「山の聖人」（八白土気性）の象意の特徴です！

その、すごい人脈とは、現金だけでなく、現金以外の価値ある財産を多く持つ、本物の金持ち、土地持ち、財産持ちのことです！

そういう人とつながることで、有益な情報や、豊かな人生に「つながっていく」ことは多々あるものです。

ちなみに、お金の神様は、「山」にしかいないといわれています。というのも、金・銀などの有用な鉱物は山で採掘されるからです。

山の神・財運の意味を持つ、牛肉と山菜をしっかり摂り、お腹と運気に、しっかり栄養補給し、パワーアップしましょう！

さて、これまでの自分のあまりの金運のなさとサヨナラしたい方は、骨付き肉を食べてください。骨をうまく剥がして食べることで、金運のなさを自分から引き離すことができます。

このアクションで、プアーからリッチへと、自分の運気を切り替えましょう！

その後の金運をしっかり身につけるためには、骨や皮のない料理をしっかり堪能してください。ジューシーに料理して食べることで、おいしすぎる金運がジュワッと潤うでしょう。

また、**素早く確実に「財運」を身につけ、本物のお金持ちになりたいというのなら、ホテルの最上階にあるレストランや、高層ビルの中にあるレストランで、リッチにステーキをどうぞ♪**

高い場所は、あなたに高い理想や大きな夢を描かせてくれ、その理想に向かうための新たなアイデアや気づき、パワーをくれます。また、これまでにない発想の転換によって、人生好転を叶えてくれます。そのとき、仕事やお金につながるキーマンとも出逢えるものです。

さて、もちろん私の場合、仕事の打ち合わせでは、必ず、自宅から「東北」の吉方位のホテルの最上階レストランか、高層ビルの中に入っているレストランで、メインに牛肉料理がついたフルコースをいただきながら、担当者と打ち合わせしています。

まさに、この本の企画も、丸の内にある著名人御用達の有名レストランにて、企画提案したことで、コロッと翌日、「通りました！」と、ソッコーで返事がもらえたほど！

しかも、おもしろいことに、担当者いわく、単行本の企画会議はその月の月末であったと。にもかかわらず、他の企画会議の席でなんとなく社長にチラッと内容を伝えただけで、「それ、おもしろいじゃないか！」と、突然、決定したというのです。「こんなの異例なんですが……」と、後日、担当者から連絡があったほど♪

食べ物や場所から、「山の聖人」（八白土気性）のエネルギーを摂り込むと、たいがい、社長や、何かしらの決定権を持っているキーマンが、自分をバックアップしてくれるものです。「山の聖人」（八白土気性）の象意は、社長・成功者・偉人という要素をも持っているからです！

また、このエネルギーを活用しはじめると、自分自身、何者かになることが多いものです。会社を立ちあげて社長になるとか、組織のトップになるなどして。
というわけで、人生好転、運気上昇！を叶える料理を、しっかりお腹に入れましょう！

揺るがぬ「財運」を高める「勝負メシ」は、これ！

財力によく効く☆なみちゃん流オススメ献立

✳ビーフステーキ、フォアグラのキャビア添え、ポテトの冷たいスープ
✳国産牛100％のハンバーグ、ポテトサラダ、きのこのクリームスープ
✳すき焼き、牛しゃぶ、焼肉など
✳アワビステーキ、山菜の煮物、かぼちゃのスープ
✳骨や皮のない肉料理、ポテトフライ、山菜の味噌汁
✳牛肉と鶏肉のつみれ鍋（山のいもの団子入り）

✳山菜の炊き込みごはん、牛肉とピーマンの炒め物、里芋の味噌汁
✳骨付きの肉料理（金運のなさを捨てるときのみ！）

※その他、串焼きやつみれ料理、何かと何かの具材をつなぎあわせた料理を食べることで、お金を得る仕事やチャンスと次々とつながっていきます！

ケーキもフルーツも堪能☆デザートで富裕層に!!

お金持ちは、当然のごとく、食後に〝金運〟を育てている!

人がお金をほしいと願い、お金持ちになりたい! 豊かな人生を送りたい! というとき、それは何も、一回きりでいいという話ではなく、できれば、ず〜っと! と願っているということでしょう。

そんな、大きなお金が継続的にある人生、お金に何不自由ない豊かさに満ち足りた人生を、毎日生きていたい♪ というのなら、今日からは、食事のあとに、「デザート」をとる習慣を持ってみましょう!

「デザート」こそ、〝富裕層の象徴〟であり、幸せで豊かな人生を呼び込む最高に甘くうれしいものだからです!

そもそも、朝、昼、夜と、ごはんをしっかり食べたら、それなりにお腹もいっぱいで、もう何も食べられないということが多々あるものです。

しかし、デザートというのは、お腹いっぱいにするための〝最後のとどめ！〟ではありません！　通常の食事に＋アルファで〝富裕感〟をいただくものなのです！

デザートを食べる習慣を持つというとき、それはなにも、たいそうなものにする必要も、多くの量を摂る必要もありません。

「おいしいものをほんの少し♪」で、いいのです！

羊かん1切れや、クッキー1枚、アイスクリームやシャーベットをひと口でもいいし、フルーツを小皿に少しでも、いいわけです♪

少なめの食事量にしたときなどは、小さなケーキひとつくらい、ペロッと食べられるかもしれませんね。

とにかく、腹八分にしておいて、一度、デザートをゆ～っくり時間をかけて食べてごらんなさい。なんとも、優雅な時間を堪能できるものです♪

そのデザートを食べるという行為と豊かな気分と余裕の時間が、お金を生み出す〝富気〟をあなたに自然と養い、みるみるお金持ち体質にしていくのです！

ちなみに、デザートの中でも生クリームたっぷりのケーキは、別格の〝富気〟を与えてくれます！

特に、白い生クリームでメロンがのっていて、正方形にカットされたケーキや、小さな丸い形のケーキは、「天の聖人」（六白金気性）の象意である、地位と名誉と財産運をもたらす最高峰のエネルギーを持っています！

また、生クリームの白は、「水の聖人」（一白水気性）の象意でもあり、小さな一滴の水程度のお金を、やがて大海のような大きなお金にする働きがあります！

その他、上にのせるフルーツがいちごなら、ビジネスチャンスをつかみ大きな報酬を得られ、マンゴーなら、よろこばしい出来事とともに大きな金運がやってきます！

さて、このケーキというのは、不思議なパワーを発揮するもので、たいがい、お誕生日や何かしらのお祝いの席に登場するわけです。が、このケーキを、お誕生日やお祝いごとがなくても、あなたの人生でふんばりが必要なときや、幸運を惹き寄せたいときに、食べるといいのです！

なかでも、**ホールの生クリームのデコレーションケーキには、日常に奇跡を呼び込むハッピーなエネルギーに満ちています！　これぞ、「天の聖人」（六白金気性）の完成形でもあるからです！**

私自身、大きな仕事と金運をＧｅｔしたいというときには、〝ここぞ！〟とばかりに、誕生日でもないのに、いちごのホールケーキを買ってきて、昼からそれを食べたりしています♪　もちろん、そういうときは、その分、前後の食事を減らしていますが。

ホールケーキの一番小さいものをカットせず、そのままスプーンで好きなところからすくって食べるわけです♪　まるで、その姿はテレビでやっている大食い選手権そのもの……もちろん、ぜんぶ食べきれないときもありますので、そういうときは、家族にも分け、あとは食べられる分だけをたいらげます。

不思議と、このアクション、おもしろい結果を運んできます♪

あるとき、一番小さいホールケーキがいつものケーキ屋さんになく、しかたなくとんでもなく大きなホールケーキを買ってきて、スプーンですくって食べていると、それまで小さいホールケーキを食べていたときには、味わったことのない、なんともいえない贅沢で甘美な富裕感と高揚感がこみ上げてきたのです！

「なんだろう、この感覚♪　なんだか、幸せ～」

すると、後日、念願だった仕事が決定し、その報酬は思っていたより、ずっと大きなもので、それは、過去3年の中でも最もうれしい結果となったのです!!

それ以降、このケーキのまるごとたいらげアクションをたまにやるのですが、なにかと、うれしいことが起こり、運気アップを感じずにはいられません。

試したい方は、どうぞ♪　ただし、空腹時にトライすることをオススメします（笑）。くれぐれも食べ過ぎには注意してください。

ちなみに、ホテルのデザートバイキングは、〝富気〟を養う絶好の場!!

たまには、のんびり優雅にひとりで、あるいは、友人たちとわいわい楽しく、行ってみる価値あり！

特に！　フルーツパフェは、まるで金運遊園地そのもの♪　あらゆる角度から、お金を呼び込み、余暇のお金を殖やし、楽しい日常を満喫させてくれます！

楽しく「富貴」を高める「勝負メシ」的デザートは、これ！

金運招来によく効く☆なみちゃん流オススメ献立

＊生クリームのデコレーションのホールケーキ

✴カットケーキ（生クリームでも、チョコレートでも、お好きなものを♪）
✴プリン、あんみつ、もなか、フルーツ盛り合わせ、フルーツパフェ、プリンアラモード、ホットケーキ、カステラ、どら焼き、おもち、おまんじゅう、みたらしだんご、お汁粉、ぜんざいなど
✴ミックスジュース、ココア、チョコレートドリンク、甘酒など

※基本、デザートに食べるものは、なんでもいいわけです。
ここで重要なのは、金運を育む秘訣は、「ゆったり、時間をかけて、デザートをいただく」という〝行為〟です。あわてて、パクッと一口で食べ終えず、しばし、心休まるひとときを、堪能しましょう。

ミラクルハッピー
開運コラム

楽しみながらお金持ちになる！

「金運上昇」「商売繁盛運」は、人との楽しい飲食・会話から生まれる

お金に関係の深い「月の聖人」（七赤金気性）は、夕暮れの空の色であり、西の酉（トリ）の方位であると、この章ではお伝えしましたね。

さて、その「酉」という字は、そもそもは、〝晩酌の酒〟を入れる徳利《とっくり》の底に、お酒が少し余っているという絵から生まれたものです。

徳利にお酒が余っているというのは、「余るくらい多かった」＝「余裕がある」という意味で〝豊かさの証〟とされ、大いなる「満足」状態と、「よろこび」を表しているのです！

こうして昔から、西は酉で〝余裕のよっちゃん♪〟〝満たされる〟という意味から、「お金」の象徴とされてきたわけです。

さて、お酒は何も晩酌に限らず、人が集まり、食べて、飲んで、騒いで、心をなごませ、よろこんでいる〝宴の場面〟にも欠かせないもの。その宴もまた、「収穫」という結果を祝う意味を持っています。

また、大きな宴に限らず、日常的に、人と人が会って、食事をする場面では、なにかと情報が飛び交うものです。

心ひらき、時間をともにし、飲み食いしながら話すことによって、人は、なにかしらの気づきや発見もあり、そこから仕事のヒントやお金につながる新たなチャンスを得たりします。

この、**食べる・飲む・話すは、すべて、人間の「口」を通してなされるわけですが、人はそうやって、「口」から、運を生み出しているのです！**

いい話やとっておきの情報、素敵なチャンスや仕事やお金などの「収穫」を得たいなら、人と楽しく飲食する場に、よろこんで参加し、楽しく語らうといいのです。

また、「商売繁盛」を叶えたいときも、この「口」がものをいうわけです！
七赤金気性は、良い言葉（人がよろこぶようなことを話す）、相手の得になることを教えてあげる、それも、笑顔で愛嬌をふりまきながらすることが大切であると伝えています。商売というものは、相手からお金をいただくことなわけですからねぇ。相手をよろこばせて、なんぼです。

お客さんがよろこぶから、財布の紐もゆるみ、何かを買ってもらえるわけです。

商売や取引では、人に好かれないと、損なわけです。好かれてこそ、お客さまから、「ぜひ、この感じのいい人から買いたい」「何か買うなら、この店で♪」となり、また足を運んでくれ、いくらでもお金を落としていってくれるからです。

お金という「縁」を運んでくるのが人である限り、人に好かれること、人と楽しく交わること、そして、その交流をよろこぶことです！　そうすれば、自然にお金が寄ってくる人になります。

Chapter

3

お仕事 & 成功によく効く☆
出世ごはん

好きなことして、日の目をみる！
キャリアUPする！　さらに活躍する！

この章のポイント♪

スピーディーに昇るために摂っておきたいエネルギーとは⁉

この章で、まず摂っておきたいのは、「森の聖人」（三碧木気性）のエネルギーです。健康的でアクティブでいられ、情報通で、ビジネスセンスを持て、「仕事運」「強運」を、素早くGetできます！

また、もっと上に昇りたい！　成功したい！　そのためのキーマンと出逢いたい！　というのなら、「天の聖人」（六白金気性）のエネルギーを！「目上の人に引き上げられる」「抜擢される」「スピーディーに出世する」「大活躍」のエネルギーが満載です！

これらのエネルギーを摂るために、いったい何を食べればいいのか？　そんな気になる「仕事運」「成功運」「出世運」アップの「勝負メシ」を、ここではお伝えしていきましょう。

紅茶がおいしい喫茶店♪で、仕事運をアップする

優雅に、機敏に、ビジネスセンスを磨くためのポイント

いい就職先を見つけたい！　いまよりいい仕事をしたい！　ビジネスセンスを磨きたい！　という人は、〝リーフ・パワー〟をみかたにつけることです！

「紅茶」「日本茶」「ハーブティー」などには、「森の聖人」（三碧木気性）の持つ象意である情報入手力やビジネスセンスを育む力や仕事運アップの運が満載だからです！

最もシンプルかつ楽しいやり方は、〝紅茶がおいしい喫茶店〟に入って、そこで、ひととき優雅に過ごすこと♪

仕事のあいまにデスクで、あるいは、家事のあいまにリビングでおいしい紅茶を堪

能するのも、OKです！ ひとときリラックスして、ボーッとすることで、受信力も高まり、仕事のアイデアにも恵まれやすく、ビジネスセンスが冴えわたります！

お茶しているとき、その空間に、音楽はかかせません♪ 優雅なクラシックの音楽や素敵なジャズが流れてくれれば、それだけでゆったりムードに癒されるでしょう！

ちなみに、音楽も「森の聖人」（三碧木気性）の象意のひとつです！

仕事を探している人は、〝紅茶がおいしい喫茶店〟でお茶をしながら、求人情報誌を見たり、誰かやどこかに電話をしたり、メールをしたりすれば、スピーディーにその先が展開し、いい話をもらったり、いい就職先に出逢えるでしょう！

お気に入りの自己啓発本や、好きな作家の短編小説など読めば、もっとGood！ 感動的、かつ、ポジティブになり、わくわくしてきて、あなたを行動的な気持ちにさせるでしょう！

「森の聖人」（三碧木気性）の象意には、本、電話、メール、などにまつわるエネルギーも大だからです！

喫茶店で、お茶していると、たまたま隣に座った人の会話からいい話が聞こえてきたり、仕事にいかせそうな情報が手に入ったりすることがあるものです。また、そこで関係者と仕事の打ち合わせをすれば、「ここだけの話」を聞き出せたり、最新情報をＧｅｔできたり、ほしかったデータがもらえることになったりします。

お茶をしながら、思いついたことを手帳やノートに記しておけば、それがのちのちあなたの仕事に役立つ瞬間がやってきて、日の目を見ることになります！

というわけで、ビジネスセンスと仕事運をアップするものをご紹介しましょう！

ビジネスセンスを磨く「勝負メシ」は、これ！

「仕事運」によく効く☆なみちゃん流オススメ献立

✳ダージリンのストレートティーといちごのケーキ

✳アールグレイの紅茶とスコーン

＊アールグレイの紅茶とフルーツ
＊アッサムのミルクティーとローストビーフサンドイッチ
＊カモミールのハーブティーとフルーツ
＊マロウブルーティー＆レモンスライスとクッキー
＊ラベンダーティーと紅茶のシフォンケーキ
＊ほうじ茶とおはぎ
＊お抹茶とくずきり
＊玉露とチョコレート
＊煎茶と栗ようかん

※ここでは、自由に、あなたの好きなお茶とお菓子を楽しんでください♪

好きなことをして成功する☆最強の仕事運をGet！

もっとフルーツをめしあがれ♪
それが爽やかに進む秘訣

ビジネスセンスを高め、企画力をアップし、好きな仕事をどんどんこなし、実り多く、報酬も大きな結果を得たいなら、〝赤い食べ物〟と〝果実〟をみかたにつけることです！

そこには、「森の聖人」（三碧木気性）の象意の特徴である、ポジティブなパワーと、フレッシュなエネルギー、情報に恵まれる、アクティブになれるという、そんな働きがあります！

なかでも、〝赤い果実〟は、超オススメ！　あなたの頭脳をフル回転させ、テキパキアクティブに物事を処理させ、どんな企画もスイスイ通すことでしょう！

この〝赤い食べ物〟〝果実〟こそ、営業職、クリエイティブ職についている人にとっては、必須エネルギーとなるのです！

さて、企画を作ったとしても、それが社内や取引相手との間で、「いいね♪」と認められ、採用されなくては、何も始まりません。どんなに「三日三晩徹夜して作りました！」と、時間がかかったことを自慢しても、人が認めてくれなくては、一巻の終わりです。

自分が立てた企画が正しく通り、人が認め、採用してくれてはじめて、仕事になり、それなりの報酬ももらえるわけですから。

さて、そこで、「森の聖人」（三碧木気性）のエネルギーとあわせて摂りたいのが「天の聖人」（六白金気性）のエネルギー作用です！　そこには、〝目上の人〟〝自分より上の立場の人〟に引き上げてもらえる！　抜擢される！　という〝昇格〟〝出世〟の意味があります。また、〝高級なもの〟〝本物志向〟〝成功者〟を意味しています。

その「天の聖人」（六白金気性）のエネルギーを摂取するには、〝果実〟の中でも、「高級フルーツ」といわれるものを食べること！　また、ちょっとリッチにホテルでスイーツを堪能すること！　そして、惜しまず自分にパワー注入し、自己価値を高めるためにも、〝高級食材〟を使った料理を食べてみることです！

すると、あなたの企画を認めてくれたり、通し、採用してくれたり、そのあなたの仕事力を見て、何かもっといい部署や立場に大抜擢してくれ、上に引き上げてくれる人が現われます！

というわけで、実り多い仕事と報酬、そして、出世のチャンスをつかむべく、ここにある素晴らしい食べ物をみかたにつけましょう。

プランが実る「勝負メシ」は、これ！
「企画実行運」によく効く☆なみちゃん流オススメ献立

✳牛肉の赤ワイン煮込み、フランスパン、ベビーリーフのサラダ
✳ローストビーフ、マッシュポテト、ほうれん草とベーコンのソテー
✳アワビのステーキ・キャビア添え、生ハムサラダ、ポタージュスープ
✳フォアグラのせビーフステーキ、グリーンサラダ、オニオングラタンスープ
✳まぐろのステーキ、なすの煮浸し、安納芋のポテトフライ
✳中トロや大トロや高級食材のにぎり寿司、茶わん蒸し、マツタケのお吸い物
✳金目鯛の煮つけ（または金目鯛の塩焼き）、きんぴらごぼう、平たけ（または大黒しめじ）の味噌汁
✳いちご、チェリー、りんご、ブルーベリー、ラズベリーのパイやタルト
✳いちごのショートケーキやいちごパフェ、いちごタルト
✳フルーツサンドイッチ
✳赤い果実だらけのフルーツポンチ

✴りんご・いちご・オレンジと牛乳のミックスジュース
✴見た目が真っ赤な皮でおおわれている高級マンゴー
✴高級メロンやメロンのケーキやメロンパフェ、メロンジュースなど

※ここで登場する食べ物は、気分もお値段もかなりリッチ♪
その分、〝本物の感性〟を身につけられ、自信を持って仕事にも臨めるのです。

もちろん毎日でなくてもいいけれど、たまには、どうぞ♪

やがて、成功し、豊かになれば、いやでもそういったご馳走三昧の日がやってきます！　これ、本当に‼

※あなたの可能な形でリッチな食卓をお楽しみください。

トライ・アゲイン☆もう一度、やり直す

苦い思いは、すっぱい味覚で、修正する!?
そんなやり方

好きなことをやっていきたい！　憧れの夢を仕事にしたい！　と何かを始めたにもかかわらず、うまくいかず、挫折して、あきらめたりした人もいることでしょう。

しかし、それを今の自分なら前よりうまくやれるかもしれない！　もう一度トライしてみたい！　やり直したい！　というのなら、「森の聖人」（三碧木気性）の象意である、〝すっぱい〟食べ物を摂ることです！　そこには「トライ・アゲイン」「再度、始めたことをうまくいかせる！」というエネルギーが満載です！

苦い思いと経験は、〝すっぱい〟もので、帳消しにするのです！

すっぱい刺激で、心と体に無理なく、ナチュラルに、活を入れ、再スタートを切ろうというわけです。

すっぱい食べ物なら、何でもOK!! 生のフルーツでもいいわけです。最も効果的なのは、みかん、レモン、ゆず、りんごなどの果実の酸です！

果物の酸は疲労回復や新陳代謝アップの働きがあり、血管の伸縮性を高め、神経系の働きを活発にするといわれています。

一日のうちの朝食タイムに摂ることで、頭もスッキリ、体もシャキッとし、動きやすくなります！

やりたかったことや夢に再トライするには、この朝の時間で自分を生まれ変わらせることが大切だったのです！　というのも、そもそも再トライをサポートする「森の聖人」（三碧木気性）は朝日のエネルギーを持っていて、その力で人を朝日のごとく昇らせるからです！

「森の聖人」（三碧木気性）は、朝日の象徴であり、太陽が昇る、つまり〝日の目を見る〟というパワーが絶大！　しかも、太陽は、昨日だけ昇ったのではなく、今日も明日もあさっても、何度でもその輝かしい姿を現し、昇り続けます！

この太陽のあり方こそ、何かをやり直したい人、もう一度好きなことを仕事にしたい人、前にあきらめたことに再トライして成功したい人に必要なのです！

そして、すっぱいものに＋アルファしたいのが、同じ「森の聖人」（三碧木気性）のエネルギーたっぷりの野菜サラダです！　太陽の光を燦々とあびた野菜サラダをたっぷりどうぞ♪

というわけで、再スタートのために動き出したら、最低2週間は、いつもの食事にすっぱい食べものと果実の酸と野菜サラダを加えてみましょう。もちろん、料理に酸っぱい味の米酢やポン酢をかけるだけでもＯＫ‼

身も心もスッキリ、ヘルシー、軽やかに、もう一度、何かをやれるはずです！

やり直しを成功させる「勝負メシ」は、これ！

「トライ・アゲイン運」によく効く☆なみちゃん流オススメ献立

✳ちらし寿司、野菜のごった煮、わかめとタケノコのお吸い物

✳ささみの梅肉巻き焼き、レタスとラディッシュとポテトのサラダ

✳豚ロースのオレンジジュース焼き、ポテトサラダ

✳牛のうす切り肉を大根おろしのポン酢かけで、若竹煮、しめじとほうれん草の味噌汁

✳焼肉をポン酢やゆずこしょうで、サンチュ、ナムル、わかめスープ

✳わかめとおくらの酢の物、たけのこの炊き込みご飯、豚バラとキャベツと薄揚げの味噌汁

✳きゅうりとわかめとカニの酢の物（カニかまぼこの代用も○K）、豚キムチ炒め

✳さわらのムニエル・レモンバター味、切り干し大根と厚揚げの煮物、豆腐と三つ葉の味噌汁

✳生のフルーツ各種、フルーツポンチ、フルーツパフェ、グレープフルーツジュー

ス、オレンジジュース、レモンジュース、ライムジュースやスムージーなど

※お寿司以外の、すっぱいものやサラダというのは、どちらかというとメイン料理ではなく、サブメニュー的な存在ですので、いつもの食卓に＋アルファするだけでいいでしょう。

※食べ物そのものではなく、食べたいものに、梅肉やポン酢やゆずこしょうを加えたり、すっぱい系のドレッシングを用いてもいい♪

世に出て活躍したいなら、包む・おおう・くるむ

ひと手間ごとに運気倍増☆
グレートパワー満載のうれしい一品たち

ここから仕事で成功したい！　好きなことをして身を立てたい！　ワンランクアップの人生を叶えたい！　というときには、「天の聖人」（六白金気性）の象意である、〝包む、おおう、くるむ〟、そんな料理を食べることです！

〝包む、おおう、くるむ〟料理には、天＝目上の人のサポート、高い地位、飛躍、成功を意味するエネルギーが満載で、あなたをみるみる、上へ上へと引き上げて、何者かにしてくれます！

〝包む、おおう、くるむ〟料理は、手間もかかるし、時間もかかります。が、手をかけた分、見た目も素晴らしく、いろんな食感を楽しめ、味もワンランク上になるもの

です。

そんな料理を作る〝忙しい状態〟〝フル活動〟は、そのまま、成功者として忙しく働く様や、世界中を飛びまわる様と、リンクするエネルギーでもあります。

何を隠そう！　この〝忙しい状態〟こそ、「天の聖人」（六白金気性）の特徴的なエネルギーであり、基本スタンスです！

つまり、成功者気質は、いつも、忙しいけど、手を抜かない！　というところにあるものです。そこに、世に出て支持されるグレートパワーが宿るのです！

自分がやろうとしていることに、ベストを尽くす姿勢の大切さは、料理も仕事も同じなのです。

よく考えてもみてください。そもそも忙しくもなく、暇だとしたら、どんな仕事も商売も危ういもの。ネコの手も借りたいくらい、忙しくてちょうどいいわけです。

現実的に世の中を見ても、より成功している人ほど忙しくしていてつかまらないほどですし、売れっ子スターほど全国各地や世界にまで飛びまわっているものです。

ちなみに、この忙しさは、「貧乏暇なし」という、しかたなしの、いやいやながらの忙しさではありません。

優秀ゆえに、いろんなところから求められ、ひっきりなしにお声がかかり、成功せずにはいられないという、うれしい悲鳴のあがるもの！

活躍するスターのごとく、料理から、たっぷり、サクセスパワーを摂り込んでみましょう！

何者かになる！「勝負メシ」は、これ！

「サクセス運」によく効く☆なみちゃん流オススメ献立

✳ロールキャベツ、ガーリックライス、パンプキンサラダ
✳豚のヒレカツ、ほうれん草のピーナツ和え、きゅうりの酢の物
✳手巻き寿司、なすとイカの甘辛煮、あおさの味噌汁
✳天ぷら、小松菜と薄揚げの煮浸し、豆腐の味噌汁

✳いなり寿司、れんこんとごぼうのきんぴら、白あえ、きのこのお吸い物
✳牛と豚の合い挽き肉のオムレツ、ブロッコリーのサラダ、きのこのソテー
✳餃子、焼売、春巻きなど、皮で包んだり巻いたりしている料理
✳餃子、大根とちりめんじゃこのサラダ、チンゲン菜ともやしのスープ
✳焼売、春巻き、エビのマヨネーズ和え、チゲスープ
✳ビーフカツ、レタスとベビーリーフとラディッシュのサラダ、コーンスープ
✳松茸の炊き込みごはん、茶わん蒸し、鯛のお刺身、しいたけと三つ葉のみそ汁

※食後に必須としたい出世デザートは、メロン、栗、梨、柿、アップルパイ、チェリーパイ、高級な和菓子、生クリームたっぷりのケーキ、老舗のカステラ、お高いアイスクリームなどがＧＯＯＤ！

高級レストランで、出世コースに乗る！

3つ星レストランに出かけると、いやでも富気あふれる人になる

「お金持ちは、特別な日や土日ではなく、平日にふつうに高級レストランでフレンチのフルコースを食べる。だから、成功して、お金持ちになりたいなら、そういう真似ごともしてみること。行く店をちゃんと選び、ときには、食べる贅沢も味わってみることだね」

これは、もう15年以上も前に、尊敬する開運気学の先生に聞いた言葉です。当時は「えっ!?」と思いましたが、開運気学をマスターした今では、その意味もよくわかります。

そもそも「フランス料理」という〝伝統と歴史ある料理〟を、高級レストランでい

ただくということは、まさに、「天の聖人」（六白金気性）の象意のエネルギーを摂るということであり、成功する！　偉人になる！　出世する！　ということだったからです！

前述の言葉を、聞いた当時の私はまだ何者でもなく、食費を切り詰めては、なんとか生活をやりくりしている状態でした。「もっと豊かな暮らしをしたい！」と願うばかりの。

しかし、その「成功して、お金持ちになりたいなら……」という言葉を聞いたとき、なぜかわくわくし、ちょっと背伸びしてそういう場所にも行くようにしてみたのです。

最初、高いレストランに行くことは、「いまの自分には贅沢なことではないか？」「分不相応ではないか？」と思っていたし、それゆえ、自分にふさわしくないことと感じ、罪悪感さえ持っていました。結構、いいお値段がするわけですから。

ところが、思い切って、そういうところに行くようになったことがきっかけで、私の物の考え方や価値観もガラッと変わり、〝そうすべきだった理由〟もわかったのです！

一流といわれる高級店には、厳選された素晴らしい食材と、腕のいい一流シェフがいて、料理だけでなく、お客様に満足をもたらす素晴らしい〝もてなし〟がそろっていたのです。

そこで、自分が丁寧な扱いを受けることが「成功を意識する」ことになり、重要な経験となったわけです！

気分も高揚し、実際、おいしいお料理と美しい空間はそれだけで人を優雅な気分にしてくれ、大きなくつろぎと余裕と満足感を与えてくれます。

その優雅な余裕あるムードは、覚えておいて然るべきものです！　というのも、それが、お金を惹き寄せる〝富気〟になるのですから！

さて、私がこれまで行ったレストランの中で最も感動したのは、パリのホテル・リッツにあるフレンチレストランです！　あの感動に会いたいというだけで、何度パリを訪れたかわかりません。

日本のレストランにはない、なんともいえないさりげなく行き届いた最高のサービスと、優しい心づかいと、幸せであたたかいムードがあふれています。

それは、スタッフの笑顔と会話であり、食事中のちょっとした声かけとか、ワインを入れるタイミングとか、細かいことなのですが、それが、まさに、そこにいる人にとって絶妙なムードとタイミングで、やってくるのです。

一流とそうでないものの差は、その〝ほんの、ささいなことの差〟が、どれくらいあるかです。一流の人とそうでない人は、決して、まったく別のことをやっているわけではありません。むしろ、同じことをしていて、違うわけです。

その差は何なのかというと、結局「愛」なのです！　「愛」が多いから、もてなす力が大きくなり、感動を呼ぶのです！　小さな差が、大きな差になるわけです。

というわけで、あなたもお気に入りのレストランを見つけて、リッチに優雅に出世コースに乗ってくださいね。

成功者になる「勝負メシ」は、これ!

「出世運」によく効く☆なみちゃん流オススメ献立

＊フランス料理のフルコース
＊イタリア料理のフルコース
＊日本の懐石料理

※これ以外にも、伝統と格式のあるお料理なら、なんでもOK。

ミラクルハッピー開運コラム

日常的に、〝神様パワー〟をいただく

家庭に「天徳」が舞い降りる、昔からの「ありがたい」作物がある

昔から、家の中に神様パワーが入ってきて、家族の健康や運気をしっかり守ってくれているものがあります。

それは何かというと、ズバリ！　「お米」です。

お米は、神の恵みが満載の「天の聖人」（六白金気性）の象意を持っており、大きな浄化力と守護力があります！　この白いごはんこそ、お米の国に住む日本人にとっては重要な「勝負メシ」の基本となるのです！

最近は、レンジでチンするお米もあれば、スーパーのお惣菜コーナーで売っているごはんもあります。便利になってきましたね〜。

その便利さゆえか、家でお米を炊かないという人もいるものです。「お米なんか食べない。パンとかパスタばかり」という人や、もっぱら外食という人が。

なかには、もう長いこと米を家に置いていないという人もいたりして、驚いたことがあります。

しかし、家族の心身の健康（ひとり暮らしなら自分自身の健康）と、運の健康のためには、できるだけ、家でお米を炊いて、食べたいところ！

昔は、かまどで火を使って、お米を炊いていましたね。これが、神様パワーを日常的に受け取れる家庭の基本ともいえるのです。

Chapter 1の『〝壊れかけの家庭〟を甦らせるには、食事療法』でも、お伝えしましたように、神様のご加護を家の中に招きたいなら、「火」と「水」を毎日使って、ちゃんと料理することがいいわけです。

「火」と「水」を使うことによって、神様の気が家の中に入って来るからです！

最近は、かまどがなく、電気炊飯ジャーになっていますが、電気の火力も現代では「火」ととらえます。ときどき、土鍋で炊くのも楽しいものですよ♪

また、ガスも、電磁調理器も「火」ととらえます。

家で料理をする楽しさを覚えて、毎日食べるものから神様パワーを受け取りましょう♪

さて、「天の聖人」（六白金気性）だけでなく、「地の聖人」（二黒土気性）もまた、米や穀物を象意に持っています。この「地の聖人」（二黒土気性）の〝地〟は、母なる大地、恵みの大地を示しているわけですが、その大地（地上）にあらゆる恵みをもたらす神の働きであるグレートパワーを持つものこそ、天＝「天の聖人」（六白金気性）なのです。

天が大地に恵みを降らせるのです！　天の作用があってこそ、「五穀豊穣」も叶うわけです。それは、目に見えない大自然の力であり、その大自然の力こそ神の力というわけです。

さて、「五穀豊穣」とは、穀物などの農作物が充分に、豊かに、実ることをいいます。

穀物は、人間が主食とするものの代表的なものとされ、生命力の源でもあるのです。その穀物が充分に、豊かに、実ることを「豊穣」というわけです。

また、この「五穀豊穣」が叶ってこそ、家庭の中の健康的な食生活が叶えられ、健康な体で仕事ができるということにもなり、ひいては、「家内安全」「家運隆昌」「事業繁栄」「商売繁盛」にもつながることになるのです。

Chapter
4

才能開花・願望実現によく効く☆
センスフルごはん

キラキラ輝きながら、
クリエイティブにすべてを叶える!

この章のポイント♪

夢を叶えるために摂っておきたいエネルギーとは⁉

この章で、まず摂っておきたいのは、「光の聖人」（九紫火気性）のエネルギーです。キラキラ輝いて生きる！　なりたい自分になる！　夢を叶える！そんな「美貌運」「才能開花運」「自己実現運」が満載です♪

また、やりたいことをやる、オーディションを受ける、勝負する！　という、重要な場面の運気を守るには、「天の聖人」（六白金気性）のエネルギーが必要です。これは、仕事運・出世運のところでも出てきましたが、とにかく、自分をサポートしてくれる背後の力や神仏のご加護がほしいときには、ぜひとも活用したいもの！

これらのエネルギーを摂るために、いったい何を食べればいいのでしょうか？　華やかに自己実現するための「勝負メシ」を、ここではお伝えしましょう！

才能開花・願望実現に、シーフード♪

みるみる夢が叶いだす☆
食べるほどにうれしい展開になる料理

好きなことや特技をいかして身を立てたい！　芸能・文芸・イラストなど個性をいかした仕事をしたい！　心に密かに抱えた夢を叶えたい！　というのなら、迷わず「光の聖人」（九紫火気性）の象意のエネルギーを摂りましょう！

そのために食べたいものは、シーフードです！

シーフードは、「光の聖人」（九紫火気性）の象意で、「才能開花」「願望実現」を担っており、あなたの個性と感性を磨き高めてくれます！

自分の力がものをいう大切な場面にいる時期や、才能を発揮しなくてはならないとき、なにかしらのオーディションにのぞむとき、本気で夢にむかう必要がある！　という、そんなときには、2～3か月は、肉よりもシーフードを中心とした食事をするようにしてみましょう。

エビやカニやシャコなどの甲殻類は、あなたをうまく脱皮させてくれ、古い考えをさっぱり捨てさせ、新しいあなたへとスムーズに生まれ変わらせてくれるエネルギーに満ちています！

また、鯛やブリなどの魚料理もどうぞ♪　鯛はめでたく、ブリは出世と、あやかりたい、うれしい意味が大！　そして、美しい殻をまとったホタテは、美的センスと財力をくれ、光る殻におさまったアワビは栄光の印！　幸運の波が押し寄せ、スムーズに前に進め、すべてをうまく運んでくれます！

とにかく、**シーフードを摂ることで、頭はすっきりクリアになり、心は海のごとく潤い、感性は水のごとく澄みわたります！**

おかげで、新しい自己価値を見出せ、「自分には、もしかしたら、こういうこともやれるのではないか」「憧れていることのすべては、今の自分なら叶えられるのではないか！」と、可能性と希望に満ちたポジティブでハッピーな考え方にいざなわれます！

何を隠そう！　この、自分で自分の〝新しい可能性をみる視点〟が、「才能開花「願望実現」には、重要だったのです！

花が咲く♪　願いが叶う♪　「勝負メシ」は、これ！

「願望実現」によく効く☆なみちゃん流オススメ献立

✴シーフードパスタ（イカ・エビ・ホタテ・タコ入り）、9種類の野菜のサラダ
✴シーフードピザ、9種類のお野菜のバーニャカウダ、牛肉の赤ワイン煮込み
✴エビフライ・ホタテフライ・カキフライ、セロリとレタスのサラダ、コーンスープ
✴アクアパッツァ、エビピラフ、ピーマンとレタスとトマトのサラダ
✴シーフードグラタン、バーニャカウダ
✴シーフードサラダ、サーモンムニエル、ひよこ豆のトマトスープ

✳あさりの酒蒸し（あさりの白ワイン蒸し）、エビのすり身のレンコンはさみ揚げ、玉ねぎのスープ
✳カニ料理全般（生カニ、焼きカニ、カニすき、カニ鍋など）
✳宝楽焼き（大あさり、はまぐり、さざえ、エビ、カニ、アワビ、ホタテ、鯛、イカ、タコなど好きな海の幸をたっぷり焼いたもの）
✳アワビのステーキ、こんにゃくと野菜の白和え
✳ホタテとブロッコリーのバター炒め、五目炊き込みごはん、わかめの味噌汁
✳握り寿司、鶏の茶わん蒸し、はまぐりのお吸い物

※自分なりのアイデアレシピで、シーフードを楽しんでね♪

※赤飯はスペシャルメニューとして、気分のいい日や運を上げたいときに、めでたいゲン担ぎとしてどうぞ♪　なぜか不思議と、いいことが起こる♪　これも、「才能開花」「願望実現」を担う「光の聖人」（九紫火気性）の食べ物でもあります♪　赤飯の赤紫色がその象意となる。

クリエイティブ・パワーを発揮する☆美と光の法則

さらに個性・感性・直感力アップ！
キラキラ輝いて生きる人になる

個性や才能が勝負の華やかな世界にいる人や、インスピレーションを高めたい！　もっとクリエイティブになりたい！　という人は、「美しいもの」「光るもの」を摂るようにしましょう！

「美しいもの」「光るもの」もまた、「光の聖人」（九紫火気性）の象意を持つものであり、才能開花や願望実現につながるセルフパワー、人気、インスピレーション、クリエイティブパワーを高めてくれます！

特に、光りものの魚や、キラキラと輝く殻の中におさまったホタテ貝はオススメです♪

〝光るもの〟をみかたにつけると、インスピレーションが冴え、良い啓示を受け取りやすくなります。また、自分の価値を自分自身でしっかり認識でき、自分の光を放つのがうまくなり、まわりから注目と称賛を集める存在になります！

その、光るものとして、超オススメなのは、〝食用金箔〟です！

いつものお料理に、ほんの少し、〝食用金箔〟をヒラヒラふりかけるだけでＯＫ！
これなら、手間もかからず、超便利♪　しかも、ゴージャスで富気もたっぷり！
華やかに光る食卓を演出できるでしょう！
ちなみに、お腹の中に金箔の金色が入ると、丹田パワーもアップ!!　好きな道で稼げる人になれます♪

「胃は色を食う、そして、内臓で作用する」、そして、「食べたもののエネルギーがその人の波動になる」からです！

さて、「光の聖人」（九紫火気性）の象意を摂り入れるには、なにも食べ物ばかりではありません。器と料理の並べ方で、美と光の作用を発揮させてもいいのです！ゴールドの飾りがついたもの、美しい絵柄、カラフルなもの、ハイセンスな食器に、お料理を並べると、素敵です♪　7色のレインボーカラーや9品目にこだわるとなおGOOD!!

小さな美しい色や絵柄の器に、食べ物を少しずつ入れて、食卓をカラフルににぎやかにするのもいいし、白い大きなお皿に色とりどりの食材を美しく並べるのもいいでしょう。

目で美しいものを愛で、その優美なムードにしばし酔いしれながら、おいしいものをいただき、そのよろこびに浸る♪　という、スタンスを持つことが、「光の聖人」（九紫火気性）のエネルギーを摂り込むためには、重要なポイントとなります！

また、「光の聖人」（九紫火気性）の象意は、〝さみしいムード〟を嫌いますので、できれば美しい食卓を家族みんなで、あるいは、友人知人とともに囲んで、明るく盛

り上げるといいでしょう♪

色とりどりの料理を並べて、ホームパーティーなどをするのは、最高です！

ちなみに、直感や個性や感性を発揮しなくてはならない人や、クリエイティブな仕事をしている人は、元気な生命力、明るい精神、美的センスも大切なところ！

「光の聖人」（九紫火気性）の象意を持つ食べ物には、そういったものをカバーするエネルギーも満載です！　前項のシーフードとともに、光るものや美しいものを、うまくミックスして食べてみて♪

あなたが光る「勝負メシ」は、これ！

「クリエイティブ運」によく効く☆なみちゃん流オススメ献立

＊たくさんの具材を揃えた、ちゃんこ鍋（肉や魚や野菜など9品目の具材で）

＊シーフードや野菜など9品目の具材入りのカレー、じゃこと水菜のサラダ

＊7色のビタミンカラーの彩りサラダ、牛のメンチカツ、エビフライ、ポタージュ

スープ
✳パエリア、エビとアボカドのサラダ、コンソメスープ
✳ホタテのカルパッチョ、シーフードグラタン、トマトスープ
✳ゴーヤチャンプルー（7品目入り／ゴーヤ、人参、もやし、きぬさや、豚バラ、春雨、玉子など）、豚の角煮、春雨スープ
✳アジのたたき、野菜炒め、オクラ山いも納豆

※カラフルに、にぎやかに、少しずつ色々な物をつまめる食卓にすることで、望む願望が叶いやすくなるエネルギーを摂れます♪

※魚は本来、「水の聖人」（一白水気性）の象意であるので、献立例として、さほど触れていませんが、光り物の魚だけは、また別の意味を持っており、「光の聖人」（九紫火気性）の光るというエネルギーをとれます。カラフルなメイン料理に合わせて、食べてみてください。

受験・オーディション・面接には、この幸運料理を♪

トントン拍子で勝利するために、食べながらゲンかつぎする

勝利を意味する料理といえば、馬肉です!! 馬肉は、「光の聖人」(九紫火気性)の象意である南の方位＝午《うま》の意味からきている食べ物であり、大きな「勝負運」と栄光の「勝利運」を持っています!

受験、オーディション、面接の前には、おいしい〝馬肉料理〟を堪能しておきたいものです。

また、「馬肉」以外の「勝利運」をくれる料理に、「天の聖人」(六白金気性)の象意を持つ〝トンカツ〟料理などがあります。

これは、衣でおおわれている料理であり、「おおう」とは、天が地球を覆うことであり、あたたかく包み込んで守り、サポートしてくれているエネルギーを示します。

また、日本語として「カツ」には、「勝つ」という、ゲンの良い響きがあることから、ゲンかつぎとして、安心材料のひとつとして、食べられていたりもしますが、この「安心感」はとても重要!!

食べることを通して、自分の体の内側に「安心」を入れるのだという意識で食べるとき、その行為が、安堵する結果をも運んで来ることになるのです♪

幸せな結果をくれる「勝負メシ」は、これ!

「勝利運」によく効く☆なみちゃん流オススメ献立

＊馬刺し、ふろふき大根、野菜たっぷりの味噌汁

＊馬肉のステーキ、エビとアボカドのサラダ、オニオングラタンスープ

＊馬肉の赤ワイン煮込み、レンコンと玉ねぎのフライ

✳馬肉の塩焼き、厚揚げと小松菜の煮物
✳トンカツ、くるみ入りマカロニサラダ、なすの味噌汁
✳ビーフカツ、きのこの炒め物、ミネストローネスープ
✳エビカツ、トマトの焼きサラダ、パンプキンスープ
✳串カツ（エビ、ホタテ、イカ、タラ、貝、タコ、キスなど魚介メインで他、好きな具材で）、キャベツのサラダ、牛肉入りうどん

※これ以外にも自分のなかで〝幸運のジンクス〟や〝ゲンかつぎ〟になっている食材や料理があったら、それを「勝負メシ」にしてみてね♪

スリム&ビューティー&ヘルシー☆美しいオーラの輝きを放つ!

心と体に気持ちいい食材で、魅力のびのび♪　運ものびのび♪

ダイエットしたい!　さらにスリムになりたい!　もっときれいでいたい!　健康でイキイキキラキラ輝いて生きていたい!　というときには、「光の聖人」(九紫火気性)の象意で、美と健康と輝きのエネルギーを摂り込みましょう!

それには、海藻類、サラダ、ナッツを積極的に食べることです!

ふんわり海藻類でゆる~くなって、フレッシュサラダでシャキッとして、ポリポリナッツ類で、ビタミンパワーをGetするのです!

ゆる〜く、ときには、シャキッと！　そんな心と体をナチュラルに癒やす食材で、無理なく自分らしく前進するとき、あなたのすべてが美しく生まれ変わるもの！

さて、サラダは、ここまでのさまざまな献立で登場してきましたが、各野菜というものが、それぞれの象意を持っているからです。

結局、どんなときも、この野菜という〝大地の恵み〟は、人間の体にとっても、大切な人生の場面にとっても、大切なものとなるからでしょう。

できれば、毎日の食卓に欠かさないようにしたいものです。

輝いて生きるための「勝負メシ」は、これ！

「美貌運」によく効く☆なみちゃん流オススメ献立

✳シーフードと海藻とレタスのサラダ（アーモンド＆コーン＆くるみ入り）

✳あおさの味噌汁、エビフライ、アボカドとかぼちゃのサラダ（レーズン＆くるみ入り）

✳手巻き寿司（いろいろなお刺身や納豆などを具材に）、しじみに赤だし
✳鶏もも肉のカシューナッツ炒め、カニ玉、カブと人参のとろみスープ
✳海鮮鍋（ゴマとくるみのタレで）
✳ひじきと大豆と人参と薄揚げの炊き合わせ、玉子焼き（のりと紅しょうが入り）、豆腐とわかめのお吸い物

※海藻類とフレッシュサラダとナッツ類で、ビタミン&ミネラルをたっぷり摂ってね♪　トマト、ピーマン、ナス、苦瓜（ゴーヤ）、アボカドなどの野菜もたくさん食べよう！　身も心も軽やかになって、ハートもスッキリ！　ますます健康的で輝くオーラに!!

※おやつやおつまみに、アーモンド、カシューナッツ、くるみ、ドライフルーツをどうぞ♪

※派手な色のフルーツを食べれば、直感的でいられ、美的センスもアップ!!

口にするほど五感が高まる☆天才をつくる食事とは!?

大自然の摂理に教わった食の意味!
いや〜味なことするねぇ〜♪

ここでは、食べ物の持つ色と味覚がどのようにあなたに作用するのかということについて、お伝えしましょう!

食べ物は、おおまかにわけると五色を持っています（陰陽五行による）。その五色とは、「青」「赤」「黄」「白」「黒（または、紫）」です。

それら五色の食品をバランスよくしっかり摂ることによって健康体になり、その人の五感が養われるための大本の基礎が築かれるのです。

その基礎から、この五感をしっかり養うためには、それなりの栄養源を摂らなくてはなりません。では、それをどのようにして摂ればいいのでしょうか?

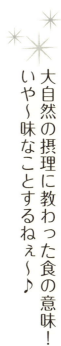

答えは、五味から摂ります。

五味とは、「すっぱい」「苦い」「甘い」「辛い」「しょっぱい」です！　五感を高める秘密は、食物本来の〝味〟に隠されていたのです！

その秘密は、次の通りです♪

①「すっぱい」もの　（木気性のエネルギー）

すっぱいものを食べると、閃きやアイデアやインスピレーションを受け取りやすくなる！　勘の働く人になる！

また、自ら成長しようという人になる！

ポジティブな暗示を受けやすく、潜在意識が活性化する！

②「苦い」もの（火気性のエネルギー）

苦いものを食べると、記憶力が良くなってくる！　一度覚えた大切なことを、いったん忘れても、それを必要なときに思い出すのをサポートしてくれる！

頭が冴え、発想がひろがる！　記憶の宝庫の拡大！

③「甘い」もの（土気性のエネルギー）
甘いものを食べると、ほっと安堵する！　受容力がつく！
良いことを受信し、ロマンチックに覚えている。
昔のことも忘れない。メモリー機能!!
大切なものを自己の内側で育む力がつく！
内側に宝物をキープしておける！

④「辛い」もの（金気性のエネルギー）
辛いものを食べると、物事を観る力、人の話を聞く力がつく！
見識のある人になれる。物事を正しくみつめられる！
細かいことを気に病まない。度量の大きい人になる！
成功者気質！

⑤「しょっぱい」もの（水気性のエネルギー）
しょっぱいものを食べると、苦労をダメにせず、生きる智慧に変えられる！

不遇をも乗り越えられる力を持つ。
努力を惜しまない人になる。
おだやかに物事を推し進められる！

さて、大自然の作物の持っている、それ本来の味覚は、このような素晴らしい気性＝エネルギーを、食べた人にもたらしてくれていたのです！

そして、凡人から天才になる要は、この五色の食べ物と五味の組み合わせにあったのです！

五色の食べ物と五味の組み合わせが〝天才〟を生み出していたのですが、〝天才〟とは、五感の優れた普通の人だということです！

いまからでも遅くはありません。自分自身にはもちろんのこと、自分の子どもにも、しっかり五色、五味を意識したものを食べさせてあげたいものです。天才になれちゃうかもしれませんよ～♪

「天才運」によく効く☆なみちゃん流オススメ献立

五感を高める「勝負メシ」は、これ！

✳五色の食べ物を使った料理ならなんでもOK！（五色を一度に全部使える料理でもいいし、各色ひとつひとつの料理の合計で五色にしてもOK！）
・青（緑）の食べ物⇩ほうれん草、小松菜、春菊など
・赤（朱赤・紅）の食べ物⇩トマト・ニンジン・スイカなど
・黄の食べ物⇩大豆、黄色い果肉のメロン、果肉が黄色の濃いさつまいもなど
・白の食べ物⇩白菜、大根、かぶ、白ネギなど
・黒（または、紫）の食べ物⇩しいたけ、小豆、ぶどうなど

✳五味の食べ物をまんべんなく食べる。あるいは、どれでも最低2点を日々の習慣に！（五味は天然の味でそうなっているものが最も良い！　しかし、自分で調味料でおいしく味付けして、五味のなにかしらの味つけにして、食べてもいい）

食べながら「ダイエット」！　スリムに、きれいになる!!

――ダイエットは食材ではなく、○○で成功と失敗が変わる！　それは何!?

より美しく、より幸せでいたいと願うばかりに、ときに女性たちは、「もっとスマートにと♪」無理なダイエットをしてしまうことがあるものです。
しかし、無理なダイエットは、あまり効果を出さないばかりか、逆に、リバウンドしたりすることもあるものです。

それは、何を意味しているのでしょうか？

答えは、**体があなたに「その方法は間違っている」と伝え、悲鳴をあげているということです！**

「不平不満のストレスを、なにかとぶつけてこないで！」

「間違ったことを、私にしないで！」
「いやだといっているのに、なんであなたは無理に私の体から、大切な水分や栄養分や残すべき脂肪分をぎゅうぎゅう絞りとるわけ!?　私を骸骨にしたいの!?」

そして、次のようなメッセージを発しているものです。

「不平不満は、太るもと。うまく自分を癒して、リフレッシュして！」
「お願いだから、その乱れた生活習慣をみなおして！」
「ちゃんと心の問題に向き合って！」

とにかく、体と心はつながっていて、いつも、何かを訴えあい、影響しあっています。

では、太りすぎをなんとかして、スリムに、健康的に、美しくなるには、いったいどうすればいいのでしょうか？

それには、一度、自分とちゃんと向きあい、ハートの中に押し込められた様々な感情を解放すべく、しっかり心をいやすことです。心の問題が解決されると体の問題も人生の問題も自然に解決に向かいます。そのとき、心はスッキリ、体はスリムに、運気はサッパリきれいになるものです！

体にぶつけるのをやめることです。体にすべて引き取らせるようなあり方は、もう、やめにしましょう。

心の世話をうまくやれるようになると、体も満足し、必要以上に食べ過ぎることもなくなるのです！

実際、太り過ぎている人たちの中には、食べたくて食べているわけではない人が本当に多いものです。そう、つい食べ物に手を伸ばすという、安易な方法に逃げるのが楽だとして。

けれども、食べ過ぎは体に負担をかけますし、いいことではありません。それが怖いのは、あなたの美しい体形を崩すだけでなく、未消化のものによって、弊害をもたらすことがあるからです。

ざっくり言うと、体は食べた物を胃で消化し、腸で必要な栄養素を摂取し、体の各器官に届けます。そこで出た不要なものは、尿や便になって体外へと排出されるわけです。

けれども、体の中で、消化も分解も吸収も排泄もしきれなかったものは、一種のゴミのようなものとなり、体内に残留することになります。

その残留物はまさに、体にとっては「いらないもの」であり、それゆえ、さまざまな弊害をもたらし、病気の原因になったりするともいわれています。

体を壊さないためにも、健康で美しくあるためにも、ちょっぴりスリムになるためにも、お腹いっぱいまで食べ続けるのをやめ、〝腹八分〟の習慣を持ちたいものです。必要な栄養素をバランスよく摂取しながら。

そして、何よりも！　うまく、自分の心を満たす生き方をすることです！

内面的な問題をケアしつつ、食べ過ぎない生活と適度な運動をするならば、過激なことなど何もしなくても、体は勝手に余分なものをどんどん落とし、スリムになっていくものです！　あなたの心が軽くなったのを察したとたん！

Chapter

5

どん底から復活＆運気好転によく効く☆
浄化ごはん

心と体と魂を浄化し、
癒し、甦る！
そして、再び、幸運の波に乗る！

この章の
ポイント
♪

〝自己復活〟のために
摂っておきたいエネルギーとは⁉

この章で、まず摂っておきたいのは、「水の聖人」（一白水気性）のエネルギーです。心身の調子の悪さや、運気の落ち込み、低迷期から、うまく脱出でき、すべてを好転させられます！

そこから、本来の自分らしさを取り戻し、元気に、パワフルに活躍したい！　というときには、「星の聖人」（五黄土気性）のエネルギーを！

また、がんばりすぎた自分を癒したい、そっと甘えるものがほしい、人生に落ち着きを！　というときには、「地の聖人」（二黒土気性）のエネルギーをみかたにしたいもの。

これらのエネルギーを摂るために、いったい何を食べればいいのか？　ここでは「どん底から復活＆運気好転によく効く☆浄化ごはん」について、お伝えしましょう。

心と体のデトックスには、これしかない！

ひどい疲労とどん底状態には、このお料理が超☆効果的♪

毎日生きていれば、いろんなことがあるものです。たとえば、精神的にやられることが続き、心が疲れきり、体力も消耗し、何をするのもしんどいというときが。

そして、「どこにも行きたくないし、誰も会いたくない！　仕事も辞めたい！」なんて言わなきゃやっていられないくらい、自分が憔悴しきってしまうような日もあるものです。

そんなときには、〝フカヒレ料理〟で、回復しましょう！　フカヒレ料理は、心身にたまった疲れや毒素を排泄するデトックス作用や、気力・活力を取り戻すパワーチャージ作用があるからです！「フカヒレで、たちまち元気になれる！」そう、教えてくれたのは、中国医学の名医！

魚は、「水の聖人」（一白水気性）の象意で、その象意には、〝いやなものをすべて水に流してくれる〟という働きがあり、「浄化作用」ともなるのです。また、ピュアな心を取り戻せたら、またサラサラ流れるように滞りなく人生を進んでいけることでしょう！

さて、そもそも、水には生命の起源的エネルギーが満載で、洗い流す、押し出す、清める、浄化する、潤すという作用が大！　それゆえ、ふつうに、あたたかいお白湯を飲むだけでも、本来、心身と運気のデトックス作用があるものです。お白湯でデトックスする秘訣は、湯呑み1杯のお白湯を、ゆっくり時間をかけて、少しずつ飲むことです。一日2〜3杯、休憩がてら飲むだけでOK！

また、「水の聖人」（一白水気性）の象意には、一滴の水が、草木や岩に邪魔されながらも川を流れ流れて、やっと大海にたどり着く！　という、そんな「苦労が報われる」という意味もあります。

心と体のデトックスをして、清らかに澄んだ心と生命力あふれる運気を取り戻しましょう！

デトックスにいい「勝負メシ」は、これ！

「回復運」によく効く☆なみちゃん流オススメ献立

＊フカヒレのスープ、マーボー豆腐、白いごはん
＊フカヒレの姿煮、わかめと大根の中華スープ
＊フカヒレ丼、冬瓜のスープ、エビの春巻き
＊白身魚のフカヒレ入りあんかけ、チンゲン菜ともやしの炒めもの
＊フカヒレとなめたけの中華スープ、合挽き肉のレンコンのはさみ揚げ

※フカヒレは自分で料理するというより、中華料理屋さん、フカヒレ専門店でどうぞ。3回くらい続けて食べると、かなり心身の疲れもふっとびます!!

究極の自己浄化には、この〝聖水〟で加持する

心・体・魂を完全浄化!! スピリチュアルパワーで憑きものが逃げる！

最近、なんだか、体調は悪いわ、調子はいまいちだわ、運気も落ち込みがちだわと言うのなら、エネルギーダウンしているサインかもしれません。

体の疲れや感情のゴミが溜まり、波動が低くなり、運の悪化を感じたら、いやなことも続きがちに。

そういうときは、即効、自己浄化すべく、水・塩・酒という〝聖なる存在物〟を使いましょう！

それらには、「水の聖人」（一白水気性）の象意があり、「いやなことを清める」「不

運を洗い流す」「苦労から抜け出す」「おだやかな人生の流れに入る」という意味があります！

この、水、塩、酒は、実際、お寺や神社でも、お清めや祈祷でよく活躍するものです。前項でもお伝えしたように、特に、水は生命の根源的エネルギーでもあり、内側にあるネガティブなものを、大きな力でしっかり洗い流し、あなたを救ってくれるものです。

また、塩は粗塩のことですが、これにはすべてを清める高い浄化力があり、酒には、他の物では代用できないくらいの神秘的なお祓い力があります。

さて、これらをどのように使うのかというと、組み合わせとしては、「水と塩」「塩と酒」「水と塩と酒」というパターンがあります。ここでは「水と塩」を使ったものをご紹介しましょう！

スピリチュアルな「勝負メシ」的聖水は、これ！

「甦り運」によく効く☆なみちゃん流オススメ献立

✳聖水ドリンク（悪運、悪障、憑きもの退散にてきめんに作用!!）

これは〝食べる〟というより、〝飲む〟ものですが、かなり効果的な、意味あるドリンクです。


「聖水ドリンクの作り方」

コップに150cc程度のミネラルウォーター（水道水ではなく、ミネラルウォーター）を入れ、そこに耳かき一杯程度の粗塩を入れます。このとき、決して、混ぜないでください!!　自然に溶けるにまかせます。

それを部屋の直射日光の当たる場所に5～10分程度置きます。

その後、ラップで蓋をし、冷蔵庫に入れて、しばし寝かせます。

それを風呂上がりに飲みます！　が、このとき、ごくごくと一気に飲まないようにします!! チビリチビリと口に少しずつ含み、口の中で消えていくかのごとく自然に喉に流れていくようにして飲みます。残さずに150cc全部を一人で飲みます。

この「聖水ドリンク」を気分や体調、運気がよくないときに飲むことで、いやなものをスッキリ祓いのけることができます。もし、ひどく自分自身の波動や運気が落ちているのを感じる場合は、1週間くらい続けてみてください。なぜか不思議といやなことがピタッと止まり、まるで、憑きものが取れたかのように、心が明るく、体も軽く、運がひらけてきます!

ちなみに、この「聖水ドリンク」については、拙著『ほとんど翌日、願いが叶う! シフトの法則』にも詳しく書いていますが、本の発売後、これを実践したという多くの方々から、「気分が晴れてきた!」「いやだった人が急に自分から離れていった」「ごたごたしていた問題が、突然、消えた」「ゆううつなことがなくなった」「日常に穏やかさが戻った!」「運気が上がってきたようだ!」

と、うれしい報告をいただいています。

もちろん、私自身、調子がよくないとき、この「聖水ドリンク」を飲むわけですが、驚くほど調子がよくなり、本当に不思議です。

※聖水ドリンクを作るとき、決して、粗塩を多く入れすぎないでください。塩の量を増やせば効果が上がるというものではありません。あの微量に〝魔法の力〟があるのです！

弱った自分と運気を立て直す☆とっておきの方法

発酵食品が、あなたの新しい運への
パスポートを再発行!!

弱った自分と運気を立て直し、よりハッピーになりたい、さらに強運に！　よりハッピーな場所へと移りたい！　というのなら、「星の聖人」（五黄土気性）の象意を持った食べ物である発酵食品をどうぞ♪

「星の聖人」（五黄土気性）には、すさまじい破壊力がある一方、とてつもなく大きな再生力があります（ちなみに、方位開運の場合は、絶対に使わない象意ですが、食べ物の話は別ですよ）。

なんでもそうですが、より良く生まれ変わるためには、古くなったもの、もはや役に立たなくなったものを、いったん壊すしかありません。そういったものを持ったままで変化しようとしても、なかなか良い変化を生み出せないからです。

「破壊」があるから、「再生」があるのです！「破壊」と「再生」によってのみ、まったく新しい新鮮な世界がそこに現われることができるのです！

というわけで、気力をくれる新しいエネルギーと、パワフルな自分自身と、強い運気を迎えるために、必要な食べ物をみていきましょう！

運気を立て直す「勝負メシ」は、これ！

「再生運」によく効く☆なみちゃん流オススメ献立

- 豚の塩麹焼き、山いものの巻き揚げ、ニラと薄揚げの味噌汁
- 鶏もも肉のガーリックステーキ、ヨーグルトドレッシングサラダ
- サバの味噌煮、5種類の野菜炒め、のりの佃煮
- 赤味噌の煮込みうどん、納豆

＊豚うす切りロース肉のチーズ焼き、五種類の野菜の炒め物、のりの味噌汁
＊五目ごはん、酒かす味噌汁（お好きな5種類の具材を入れて）、納豆
＊納豆ののり巻き天ぷら、昨夜のおかずの残り物（なんでもいい）を添えて
＊酒かす汁、さわらの西京焼き、塩こんぶ
＊ヨーグルト、カレー、トマトとモッツアレラチーズとベビーリーフのサラダ
＊チーズフォンデュ
＊ゴルゴンゾーラのニョッキ、白身魚のフリッター
＊お酒のおつまみとして、チーズの5種盛り合わせ（ブルーチーズ、カマンベールチーズ、チェダーチーズ、エポワスチーズ、ミモレットチーズなどお好きなチーズをどうぞ♪）。ちなみに、カビ系チーズは、弱った運気を立て直すパワーが大！

※ヨーグルトとフルーツ5品目やヨーグルトサラダ、ヨーグルトジュースなど、ヨーグルトを使ったお料理をたくさん摂ることで、すばやく自己復活、運気再生をかなえられます。ヨーグルト製品は、心と体と運の調子をナチュラルに好転させてくれます。

甘えていたいとき、癒されたいときは、迷わずこれ！

もっと自分に甘くていい♪
もっと自分に優しくていい♪

元気にハッピーにとがんばっていても、生身の人間である限り、疲れも出れば、癒しも必要になり、誰かに甘えたくなる日もあるものです。

そんなときは、「地の聖人」（二黒土気性）の象意である「甘いもの」を食べましょう！　甘いものには、ひととき心をホッとなごませる癒し作用と、〝小さな幸せ・大きな安堵〟をもたらす働きがあります。また、自分の内側を落ちついた状態で安定させてくれます！

それはまさに、「地の聖人」（二黒土気性）の象意が持つ〝愛のエネルギー〟の働きのおかげであり、〝母に抱かれたような深いやすらぎ〟を得られるものです。それゆえ、人は甘いものを食べるとき、至福のよろこびとなるものです。

自分に厳しくしすぎたとき、甘えたくても甘えられる人がいないというとき、しばし、甘い食べ物を受け入れることを許可し、ひととき心身の疲れや、日常のわずらわしさから、自分を癒やすのもいいでしょう。

特に、「あずき」「栗」「さつまいも」を使った食べ物は、ヒーリング作用とリラックス感が大きいものです♪

安堵のための「勝負メシ」は、これ！

「甘美なる運」によく効く☆なみちゃん流オススメ献立

＊おはぎ、あんみつ、あんこ入りのお餅、小豆のアイスキャンディー、あずきの羊かん、ぜんざい、お汁粉、抹茶パフェ・あんこ入り、マロンパフェ、マロンパイ、マロンの生クリームショートケーキ、モンブラン、栗きんとん、栗まんじゅう、

大学いも、焼きいも、いも羊かん、スウィートポテト

※その他、「あずき」「栗」「さつまいも」をお料理に使ってもＯＫ！
栗ごはんや、さつまいも入りごはんは優しく食欲をそそります♪　また、あずき色の赤飯は、なにも祝いごとがなくても、たまに食べると幸せ気分になるうえに、ラッキー現象も♪

※甘味は、「地の聖人」（二黒土気性）の象意でもあるので、その象意の持つ、P46の大地料理を食べることでも同じように甘い、癒しの状態を叶えられます。

※甘味を感じるおかずをごはんのお供にしましょう。甘味は〝うまみ〟のサインであり、人生がうまくいくのをサポートするエネルギー大！

5分間のお供えで、神仏のご加護をいただく

豊かさに感謝し、よろこんで食べるだけで、すべてがうまくいく！

神様のパワーをいただくために、遠くの神社やお寺に行かなくてもいい方法があります。それは、自宅の神棚や仏壇（神棚や仏壇のない人はお祀りしているお札や仏像や、天使の祭壇）に、自分が食べる食事をほんの少しおすそわけする意味で、「お供え」をすることです！

「お供え」し、5分くらいしたら、さげさせていただき、自分が食べます。

食事だけでなく、おまんじゅうやお菓子などのおやつを「お供え」するのもOK！

「お供え」したものが生物《なまもの》や足の早いものなら、何時間も何日も放置せず、可能な限

り早くいただきましょう。

「お供え」や神仏に手を合わせる行為は、「天の聖人」（六白金気性）の象意のエネルギーで、そのまま神仏のご加護のパワーを与えてくれます。また、「お供え」を通して、「わけあたえる」「感謝する」という精神を育んでいることにもなります。

そういう陰の善行（人知れず、そっと行う良いこと）は、陰徳を積むことになり、陰徳の力が大きくなるほど、ご加護の力も大きくなるのです！

というわけで、「お供え」したいものをお伝えしましょう。

感謝をささげる「勝負お供え」は、これ！

「恩恵運」によく効く☆お供えの品

＊神棚や仏壇に、米・酒・塩など、袋や瓶に入ったもの。
（いただきたいときに、神棚や仏壇からおろします）

✴天照大御神様には、ときどき、アワビを。

(天照大御神様はアワビが大好物です。最近では真空パックの商品もありますから、可能なら、時々お供えして、あとはおいしくいただきましょう)

(アワビを食べるとき、小皿に少し取りわけ、テーブルの上に置き、「天照さま、どうぞお召し上がりください♪」と言って、おわけし、5分くらいたったら、食べます。体の中に神様パワーが入ってくる!)


✴仏壇には、夕食時に、炊き立てのごはん(家族の茶碗に盛る前にまっ先に)を♪

味噌汁など作っている場合は、それも少し。

5分ほど供えたら、いただきましょう。

(仏様用のお食事セットの器がちゃんと売られていますが、なにか、仏前専用と決めた器を使ってもOK!)

あと、なにか、おまんじゅうやお菓子も、お供えできるものはお供えし、いただくといいでしょう。


✴弁財天には、浅い器にお水を入れ、そこにお花を浮かべたものを毎日、供えます。

この水は飲みません。洗面所かキッチンに流すか、お風呂に入れてもOK。

＊大黒天には、お水を毎日。たまに、お酒や珍しいお菓子を供えます。
＊天使の祭壇には、きれいなグラスにお水を入れたものを。
ときには、おいしいお菓子を♪

※「米」「味噌」「醤油」が切れると、お金に困るといわれているので、それらを家庭で切らさないようにし、買ってきた日だけでも、神棚や仏前に供えるといいでしょう（味噌は一日供えたら、冷蔵庫にしまいましょう）。

富裕層の仲間入りをしたいなら、おせち料理を準備せよ！

――毎年、すべてを安泰にしてくれ、家運隆昌となるための心得

毎年、毎年、健康に幸せに豊かに過ごせたら、こんなにいいことはありません。その年の初めの運を築くものこそ、ズバリ！「おせち料理」です！

とにかく、**どんなに忙しくても、毎年の安泰と幸福と繁栄のために、「おせち料理」を用意しましょう！**

「おせち料理」は、昔は、家庭の主婦が正月の三が日くらいは家事を休めるようにということや、保存食という意味で、作られていたようです。

新しい年を祝う意味をこめて、ゲンをかつぐ食材の数々を盛り込み、尾頭付きの鯛などとともに、しっかり用意されていたわけです。

しかし、最近では、共働き家族が多くなったり、ひとり暮らしをする人もふ

えたりして、「おせち料理」と疎遠になっている家庭もあるのではないでしょうか。「作る時間もないし、作ったところで自分一人では食べきれないし」と。そうやって、もはや、作られなくなってきているのも事実でしょう。

「いや、このくそ忙しい時に、そんなものを時間をかけて作らずとも、デパートに行けば、すべてがそろったセットが販売されているし……」と合理的になり、また、スーパーやデパートだって1月1日から開いていることで、保存食的な意味すらなくなってきていたりするものです。

しかし、ここでお伝えしたいのは、家でおせちを作るのがいいかとか、デパートで買うほうがいいかとか、そんな問題ではありません。

新しい年の最初に、「豊潤」がしっかりそこにあるかどうかという、運勢的な問題です!!

豊かなものがすでに年の初めの1日早々から我が家にそろっているという、その〝新しい幸運を迎える気がまえ〟が大事なのです！

「おせち料理」は、家内安全・健康長寿・家運繁栄・富貴繁栄という、よろこびの気や、豊かになる〝富気〟を呼び込む開運アクションとして、存在させたいわけです。そのうえ、三が日が楽になるなら、こんなにいいことはないでしょう♪

ちゃんと「重箱」に入れて用意することで、新しい年のすべての生活と運気が整うのです！「重箱」はその名の通り、重ねるものなわけですが。何を重ねるのかというと、〝幸運を重ねる〟ということです！

さて、おせちの中身は、地方によっても違うでしょうが、ぜひとも入れておきたいのは、次のものです！

・「栗きんとん」「数の子」⇩金運！
・「伊達巻き」「昆布巻き」⇩恋愛運！
・「尾頭付きのエビ」⇩健康長寿運！
・「黒豆」「田作り」⇩仕事運！
・「紅白かまぼこ」「白いロースハム」⇩人間関係運！

ちなみに、おせちに＋アルファとして、「尾頭付きの鯛の塩焼き」を用意することで幸福運ＵＰとなり、よろこびごとの多い一年になります！

さて、おせちのメニューで「こんなの作れない～」というものは、お正月用にパック詰めされたものを買ってきて、重箱に詰めてもOK。ないより、ましです！あるいは、この際、お料理上手なお母さんやおばあちゃんに教えてもらって、今年は一度作ってみるといいでしょう。えっ!?　お母さんもおばあちゃんも作っていないって!?　マジすか!?　とはいうものの、私も作れないものは買ってきて、入れています（笑）。

私のここ20年くらいの体験からいうと、「おせち料理」のない年は、いまいち運が盛り上がらなかった気がします。そして、「おせち料理」に気合を入れて、食材を奮発して、いいものをそろえた年には、思った以上にラッキー＆ハッピー＆リッチで、良い年になっていました！

一度、「おせち料理」を用意しなかった年、さんざんな一年で、それからというものは、ちゃんと用意して、歳神様をしっかり迎えるようになったのです。

毎年、「おせち料理」があるだけで、「これで今年も、大丈夫！」と、気持ちよく、新たな年のスタートが切れ、安心して前に進めるものです。

感謝をこめた「あとがき」

パーフェクトな天の恵み☆それを感謝して、いただく

――ありがたきこと！　あらゆる食べ物が、この生命を守ってくれている！

野菜でも、果物でも、穀物でも、天然の産物というのは、すべて〝大地の恵み〟であり、海や川にすむ魚介類は、〝海の贈り物〟であり、鶏、豚、羊、馬、牛などは天が地上に生み出した〝命の贈り物〟です。

それらすべてが、私たち人間をはじめ、他の生きものたちが、この地球に生存可能なように、天によって与えられているわけです。

この〝天の摂理〟を思うとき、愛と慈悲を感じずにはいられません。それゆえ、何かを今日も口にし、ごはんを食べられることを、ひしひしと感謝したくなります。

そもそも、生きている者にとっては、食べるものがあるということが感謝であり、また、食べられる健康な体があることが感謝なわけです。

病気になって、ごはんを食べられなくなったとき、食べられないということがどれほど辛く、ときには、致命的なことかを私たちは思い知るものです。

さて、それゆえ、いろんなことを思いやりながら、食卓に集い、食事の前には、「いただきます」を、食後には「ごちそうさまでした」という言葉を、手をあわせて、しっかり口にしたいと思うものです。

最近では、家族そろって食事をしていても、「いただきます」「ごちそうさま」を言わない家庭も増えているとか。なんとも、考えさせられることです。

また、ひとり暮らしだからと、黙って食べ始めて、黙って食べ終わるという人もいるようです。それもいたしかたがないと言えばそれまでですが、つぶやく程度や心の中でだけでも、「いただきます」「ごちそうさま」を言いたい気がします。

そこを大切にしたい理由、それは……、

そもそも私たちが食卓で「いただきます」というとき、その語源は、「他の命をいただきます」という言葉からきているといわれているからです。

実際、野菜でも生きているわけで、それを土からひっこ抜いて食べるわけですし、魚だって牛や豚だって命あるものを、こちらの勝手で食べるわけですからねぇ。

そういう現実に思いをはせて、ありがたみを持って食べることで、食べられたものも浮かばれるというものですし、また、ありがたみをもっていただくからこそ、心身のためにもなるのです。

すべての食べものが、この命を保護するかのように存在し、天がそうやって与えてくれたのです。

私たちが、〝生かされていることを感謝する〟というとき、まさに、そういう無償の愛と慈悲のひろがる〝天の摂理〟に対して、いうのかもしれませんね。

今日も、こうして、食べさせていただき、この生命（いのち）をお守りいただき、ありがとうございます。

２０１７年　10月　　ミラクルハッピー　佳川　奈未

佳川奈未　最新著作一覧

✳心と体と魂に優しいパワー・ブック☆　青春出版社の本

✳『「いいこと」ばかりが起こりだす　スピリチュアル・ゾーン』　青春出版社
《**高次元にアクセスするガイドブック**》

✳『約束された運命が動きだす　スピリチュアル・ミッション』　青春出版社
《**ハイアーセルフが語る人生のしくみ**》

✳『人生の教訓　大自然に習う古くて新しい生き方』　青春出版社
《**易経が伝える幸福繁栄の秘密**》

✳『ほとんど翌日、願いが叶う！　シフトの法則』　青春出版社
《**望む現実に移行する☆魔法バイブル**》

✳幸せに豊かに〝いい人生〟を叶える　ＰＨＰ研究所の本

《単行本》

✳『おもしろいほど願いがかなう心の持ち方』　ＰＨＰ研究所

✳『手放すほどに受け取れる宇宙の法則』　ＰＨＰ研究所

✳『「運命の人」は探すのをやめると現れる』　ＰＨＰ研究所

✳『恋愛革命』　ＰＨＰ研究所

✳『「未来想定」でみるみる願いが叶う』　PHP研究所
✳『あなたの中のなんでも叶える「魔法の力」』　PHP研究所
✳『「強運な女」の心の持ち方』　PHP研究所
✳『望みのすべてを必然的に惹き寄せる方法』　PHP研究所

《PHP文庫》
✳『運のいい女、悪い女の習慣』（書き下ろし）　PHP研究所・PHP文庫
✳『成功する女、しない女の習慣』（書き下ろし）　PHP研究所・PHP文庫
✳『ありがとうの魔法力』（書き下ろし）　PHP研究所・PHP文庫
✳『幸福感性』　PHP研究所・PHP文庫
✳『本当に大切なものはいつも目に見えない』　PHP研究所・PHP文庫
✳『佳川奈未の運命を変える言葉200』　PHP研究所・PHP文庫
✳『すべてがうまくまわりだす　「生き方の感性」』　PHP研究所・PHP文庫
✳『「みちひらき」の魔法』　PHP研究所・PHP文庫
✳『おもしろいほどお金を惹きよせる心の持ち方』　PHP研究所・PHP文庫
✳『おもしろいほど願いがかなう心の持ち方』　PHP研究所・PHP文庫
✳『おもしろいほど「愛される女」になる魔法の法則』　PHP研究所・PHP文庫

自分らしくキラキラ☆　ダイヤモンド社の本

✳『船井幸雄と佳川奈未の超☆幸福論』　ダイヤモンド社

君への大切な贈りもの　ポプラ社の本

『いじめは2学期からひどくなる！』　ポプラ社

セルフパワーアップ！　フォレスト出版の本

『あなたの中の『叶える力』を200％引き出す方法』　フォレスト出版

スピリチュアル&リアルな　ヒカルランドの本

『願いが叶うスピリチュアルシークレット』　ヒカルランド
ゲーリー・クイン、佳川奈未　共著

『「宇宙銀行」から好きなだけ♪お金を引き出す方法』　ヒカルランド

キラキラなみちゃんの　マガジンハウスの本

《単行本》

『幸運予告』(初めての語りおろし特別CD付／約40分収録)　マガジンハウス

『幸運Gift☆』《エイベックス歌手デビューCD付》　マガジンハウス

『富裕の法則』竹田和平&佳川奈未　共著　マガジンハウス

『成功チャンネル』　マガジンハウス

いつでも、いいことがいっぱい！　三笠書房のなみちゃん本

《単行本》

＊『願いがかなう100の方法』　三笠書房

＊『なぜかお金に愛される女の習慣』　三笠書房

《知的生きかた文庫・わたしの時間シリーズ》

＊『きっと恋がうまくいく魔法の習慣』　三笠書房・知的生きかた文庫

＊『30分で運がよくなる魔法のノート』　三笠書房・知的生きかた文庫

＊『願いがかなう100の方法』（文庫版）　三笠書房・知的生きかた文庫

ありのままで素敵に生きる女性へ　WAVE出版の本

＊『金運革命』　WAVE出版

素敵な予感あふれる日常の贈り物　日本文芸社の本

＊『マーフィー　奇跡を引き寄せる魔法の言葉』　日本文芸社

ジョセフ・マーフィー　著／佳川奈未　監訳

✳楽しくてためになる　講談社の本　なみちゃんシリーズ

《単行本》

✳『自分で運命調整する方法☆』佳川奈未本人登場！　ＤＶＤ付（52分収録）　講談社
✳『運のいい人がやっている気持ちの整理術☆』　講談社
✳『どんなときもうまくいく人の〝言葉の力〟』　講談社
✳『怒るのをやめると奇跡が起こる♪』　講談社
✳『あなたに奇跡が起こる！　心のそうじ術』　講談社
✳『「結果」は自然に現れる！』　講談社

《講談社＋α文庫》

✳『叶えたいことを「叶えている人」の共通点』　講談社／講談社＋α文庫
✳『怒るのをやめると奇跡が起こる♪』　講談社／講談社＋α文庫
✳『運のいい人がやっている「気持ちの整理術」』　講談社／講談社＋α文庫

※電子書籍、ＰＯＤ書籍については、佳川奈未公式ＨＰをご覧ください。
http://miracle-happy.com/

✳ 佳川奈未オフィシャルサイト

『ミラクルハッピーなみちゃんの奇跡が起こるホームページ』

http://miracle-happy.com/

※ホームページの「Fan・メルマガ（無料）」（会費・年会費・メルマガ配信などすべて無料）に登録すると、毎月、『NAMI TIMES☆』が配信され、最新刊情報、講演・セミナー・楽しいイベントなどの情報が“優先的”に入手できます。また、“ここでしか読めない”ためになるエッセイや夢を叶える秘訣、お金持ちになる方法、成功の法則など、興味深い内容も♪

✳ 佳川奈未オフィス「公式 Twitter」

https://twitter.com/powerfactory_ny

✳ 佳川奈未オリジナルブランドグッズ通販サイト

『ミラクルハッピー百貨店』ＨＰ

http://miraclehappy-store24.com/

✳ 佳川奈未が会長をつとめる

『一般社団法人ホリスティックライフビジョン協会』新・HP

http://holistic-life-vision24.com/

著者紹介

佳川奈未　作家。作詞家。神戸生まれ。現在、東京在住。夢を叶える大人のカレッジ『MIRACLE HAPPY COLLEGE』主宰。心と体と魂に優しい生き方を創造する『一般社団法人ホリスティックライフビジョン協会』会長。世代を超えた多くの女性たちに圧倒的な支持を得ているベストセラー作家。生き方・夢・お金・恋愛・成功・幸運をテーマにした著書は累計500万部にものぼり、翻訳出版も多数。スピリチュアルな世界を実生活に役立つ形で展開。潜在意識や願望実現等の実践セミナーは海外からの受講者も多い。ホリスティック・レイキ・マスター・ティーチャー、エネルギーワーカーとして、定期的に開催している「レイキ・ヒーリング」「チャネリング」には、芸能関係者や著名人も訪れる。
公式HP　http://miracle-happy.com/

ほとんど毎日《まいにち》、運《うん》がよくなる！
勝負《しょうぶ》メシ

2017年10月30日　第1刷

著　者　佳《よし》川《かわ》奈《な》未《み》
発行者　小澤源太郎

責任編集　株式会社プライム涌光
電話　編集部　03(3203)2850

発行所　株式会社青春出版社
東京都新宿区若松町12番1号 〒162-0056
振替番号　00190-7-98602
電話　営業部　03(3207)1916

印刷　共同印刷　　製本　大口製本

ISBN978-4-413-23060-5 C0095